Mike Barowski

Das professionelle 1X1

# TextGestaltung

Cornelsen

Bei den in diesem Buch wiedergegebenen Anzeigen, Anzeigenausschnitten und Internetseiten handelt es sich ausschließlich um Anschauungsbeispiele. Die abgebildeten Wort- und Bildmarken sowie die Erwähnung findenden Markennamen, Soft- und Hardwarebezeichnungen sind im Allgemeinen durch die Bestimmungen des gewerblichen Rechtsschutzes geschützt. Es wird ausdrücklich darauf hingewiesen, dass eine Vervielfältigung und Nutzung zu anderen Zwecken nicht gestattet ist. Obwohl alle Angaben gründlich recherchiert sind, kann keine Gewähr übernommen werden. Dies gilt insbesondere für die Aktualität und Qualität der angegebenen Internet-Adressen.

Die Deutsche Bibliothek – CIP-Einheitsaufnahme

Ein Titeldatensatz für diese Publikation ist
bei Der Deutschen Bibliothek erhältlich.

Verlagsredaktion: Ralf Boden
Layout und technische Umsetzung: Theo Spangenberg, Neunkirchen
Umschlaggestaltung: Bauer + Möhring grafikdesign, Berlin

Cornelsen online http://www.cornelsen-berufskompetenz.de

2. Auflage Druck 4 3 2 1 Jahr 06 05 04 03



Druck: Lengericher Handelsdruckerei

ISBN 3-464-49069-6

Bestellnummer 490696

Gedruckt auf säurefreiem Papier,
umweltschonend hergestellt aus chlorfrei gebleichten Faserstoffen.

## Geleitwort

Man kommt nicht daran vorbei und ist immer mitten drin – die Kommunikation ist schon immer der Schlüssel zu anderen Menschen, zu Mitarbeitern, zu Kunden und zu Freund und Feind gewesen und ist es heute in noch wichtigerem Maße. Natürlich hat sich dabei im Laufe der Jahrzehnte manches verändert. So spielen heute Bilder schon wegen der bildorientierten Medienlandschaft eine ungleich größere Rolle als noch vor 10, 20 Jahren. Die Sprache, das Wort ist dabei aber nicht ins Hintertreffen geraten, sondern übernimmt die Katalysatorfunktion. Mit der Sprache bekommen Bilder ihre Eindeutigkeit, ihre eigene Kommunikationsstärke. Die gekonnte Kombination aus Bild und Sprache ergibt die Kommunikations- und Informationsqualität.

Auf der anderen Seite sind wir heute mehr gefordert, wenn es um zielgerichtete Kommunikation geht. Wir müssen uns mehr Gedanken darüber machen, wie unsere Nachricht durchdringt. Die Zahl der Botschaften, die auf jeden Einzelnen einströmen, erfordert mehr Punktlandungen. Bilder und Texte müssen auf Erwartungshaltungen treffen, jede Botschaft muss zum richtigen Zeitpunkt, im richtigen Medium, in der richtigen Diktion sein, um die intendierte Reaktion zu erzeugen.

Das hier vorliegende Buch TEXTGESTALTUNG ist so angelegt, dass dem Weg zur Textgestaltung genauso viel Raum gegeben wird wie der Textgestaltung selbst. Es geht in der notwendigen Tiefe auf die strategischen Grundlagen ein und zeigt Wege zu guten Headlines, griffigen Claims oder dem Schreiben eines Textes auf. Damit ist es ein guter, hilfreicher Wegbegleiter hin zu treffender Kommunikation.

Frankfurt, im Frühjahr 2003

*Udo Knietsch*
Marketingleiter,
Berufsförderungswerk Frankfurt am Main

## Werbung – hohe Kunst der Kommunikation mit Wort und Bild

*»Kau rein!«* hieß eine Headline in einer Plakatkampagne des Fastfood-Konzerns McDONALD'S. Zusammen mit der appetitlichen Abbildung eines Hamburgers darunter machte diese Aussage einen klaren Punkt. Natürlich stolperte man erstmal, suchte die Ursache für das Stolpern. Ja, klar, hier wurde eine bestehende Aussage einfach leicht verändert – statt *»Hau rein!«* stand da *»Kau rein!«*. Aber es war nicht nur die Veränderung, die auffiel, es war auch die unterschwellige Erhaltung der Ursprungsbedeutung, die diese Headline heraushob. Und der Marketingberater wird ergänzen, dass das Tolle daran auch der starke Aufforderungscharakter der Headline ist.

Wie kommt man zu solchen Headlines und am Ende dann gelungenen Werbekampagnen? Die Antwort darauf ist im Prinzip einfach – bei intensiverer Auseinandersetzung aber gar nicht *so* einfach. Information und Kommunikation haben heute eine immense Bedeutung im Wirtschaftsprozess; die Werbung als Instrument zur kommerziellen Verbreitung von Informationen muss sich in einem Informations- und Kommunikationsdschungel durchsetzen. Das multimediale Zeitalter fordert seinen Tribut – jede noch so kleine oder große Werbebotschaft steht in Konkurrenz zu unzähligen anderen Informationen. Wir sind an einem Punkt angekommen, wo die Durchsetzungskraft einer Information das Maß der Dinge darstellt.

Schon deshalb kann man sich heute bei der Entwicklung von Werbekampagnen nicht allein auf den Zufall der Eingebung verlassen, sondern es bedarf der strategisch sauberen Erarbeitung der Basis. Und genau darauf fokussiert das hier vorliegende Buch. Werbung machen ist ein Prozess, der beim Verstehen des Produktes und seiner Nutzer beginnt, sich fortsetzt in der Auseinandersetzung mit Konkurrenz und Strategie und schließlich seinen Höhepunkt in dem Finden einer eigenständigen Kommunikation hat. Natürlich verteilen sich die Zuständigkeiten und Kompetenzen in diesem Prozess; d.h., der Texter muss nicht zwangsläufig die Strategie schreiben können, aber er muss sie verstehen können, um sie umzusetzen.

So weit, so gut. Textgestaltung ist keine Hexerei, sondern einfach harte Arbeit mit großem Spaßfaktor, wenn man richtig drangeht. Wenn Sie nach der Lektüre dieses Buches auch zu diesem Schluss gekommen sind, hat es seinen Zweck erfüllt.

Viel Spaß beim Lesen und viele gute Ideen und Werbekampagnen.

Frankfurt, im Frühjahr 2003 *Mike Barowski*

# Inhaltsverzeichnis

*»Wer interessieren will, muss provozieren.«*
Salvador Dali

*»Die grösste Achtung, die ein Autor für sein Publikum haben kann, ist, dass er niemals bringt, was man erwartet.«*
Johann Wolfgang von Goethe

*»Wenn die Sprache nicht stimmt, so ist das, was gesagt wird, nicht das, was gemeint ist.«*
Konfuzius

*»Was wollen Sie von mir?*
*Einen schönen Text?*
*Oder wollen Sie, dass diese gottverdammte Absatzkurve aufhört zu fallen und stattdessen wieder steigt?«*
Rosser Reeves, Werbeagentur Ted Bates

*»Texten ist 99 Prozent Transpiration und 1 Prozent Inspiration. – Oder umgekehrt.«*
n. n.

*»Es kommt in Zukunft immer weniger darauf an, was wir sagen. Entscheidend wird sein, wie wir es sagen.«*
Prof. W. Kroeber-Riel

*»Ich schreibe Dir einen langen Brief, weil ich für einen kurzen keine Zeit habe.«*
Johann Wolfgang von Goethe (sinngemäß)

## Der Autor

Mike Barowski über sich selbst:

Worte und Bilder begleiten mich seit frühester Jugend. In der Schule konnte man mich für's Zeichnen und Schreiben von Aufsätzen, aber nicht für Mathematik oder Chemie und Physik begeistern. Entsprechend begann mein Berufsweg auch als Plakatmaler im Einzelhandel.

Nach mehreren Jahren als Texter und Konzeptioner in verschiedenen Werbeagenturen war der Wechsel in das Produkt-Management bei PEPSI-COLA Deutschland ein Kulturschock – aber ein positiv verarbeiteter. Danach folgten 12 Jahre bei der besten Werbeagentur der Welt – bei OGILVY & MATHER. Hier lernte ich nicht nur David Ogilvy kennen, sondern verinnerlichte auch seine hohen Standards. Als Geschäftsführer Beratung war meine Hauptaufgabe gute Creation den Kunden nahezubringen.

Seit nun über 10 Jahren mache ich wieder womit ich angefangen habe – als Creative Director meiner eigenen Werbeagentur texte und berate ich für Unternehmen unterschiedlichster Art und Größe.

Mein Wahlspruch sagt alles: JEDES PROBLEM IST AUCH EINE CHANCE.

# 1 Warum Werbung?

Werbung wurde nie erfunden, Werbung hat es schon immer gegeben, seit Menschen Produkte oder Leistungen anbieten. Die Marktfrau, die auf dem handgeschriebenen Schild ihre Ware auszeichnet und zusätzlich den Vorbeigehenden die Frische ihres Angebots anpreist, ist auch heute noch ein gutes Beispiel für die Basisfunktionen von Werbung. Schon immer ging es darum, den potenziellen Käufern Vorteile und Nutzen des eigenen Angebots so zwingend wie möglich nahe zu bringen.

*Selbst von ihren Kritikern wird die Werbung als fester und unbestritten notwendiger Bestandteil unserer freien Wirtschaftsordnung angesehen.*

*Echter Wettbewerb und Chancen im Wettbewerb sind erst durch Werbung möglich: Werbung sorgt für Transparenz*

Sie ist das wesentliche Informationsinstrument und damit ein fester Teil eines Vermarktungsinstrumentariums (des Marketing-Mix). Diese unbestrittene Daseinsberechtigung der Werbung ergibt sich aus der Notwendigkeit zur differenzierenden Information über Produkte und Dienstleistungen, die in der Regel ansonsten in der Masse gleichartiger Angebote untergehen würden. So ist die unserer Marktwirtschaft systemimmanente Tatsache des gewollten Wettbewerbs gleichzeitig auch eine Forderung nach differenzierender Information bzw. nach Werbung. Und ohne Frage kann man auch den Umkehrschluss vertreten, dass echter Wettbewerb erst durch den Einsatz von Werbung möglich ist.

Viele Produktkategorien hätten ohne Werbung nie eine Durchsetzungschance gehabt – so hat z.B. das Segment der Leicht-Zigaretten nur in den Ländern eine echte Bedeutung, in denen Zigarettenwerbung erlaubt ist. Oder man denke an die Durchsetzung von Tiefkühlkost, an Katzenfertigfutter oder an so ein hilfreiches Produkt wie Papiertaschentücher. Der nur mithilfe der Werbung mögliche öffentliche Wettbewerb zwingt Unternehmen zusätzlich immer wieder ihre Produkte und Leistungen zu verbessern – in der Regel zum Vorteil der Konsumenten.

Natürlich gibt es auch eine Medaillen-Rückseite – so ist der Einfluss von Werbung auf das Konsumverhalten auch kritisch zu sehen. Hier sei auf die Diskussion um die Gefährlichkeit von Tabak- und Alkoholwerbung oder die werbliche Beeinflussung von Kindern und Jugendlichen hingewiesen.

## 1.1 10 Punkte zum Verständnis von Werbung und Werbewirkung

*Das Wissen um elementare Bedingungen von Werbung und Werbewirkung ist die Voraussetzung für gute Werbekampagnen*

Jeder, der sich beruflich mit Werbung beschäftigt, kommt nicht daran vorbei, einige elementare Erkenntnisse zu den Voraussetzungen für gute Werbung und Werbewirkung zu verinnerlichen. Das Verstehen der Wirkungsmechanismen und das Erkennen von Möglichkeiten und klaren Grenzen der Werbung macht es einfacher, gute Werbekampagnen zu entwickeln oder zu beurteilen.

1. WERBUNG IST INTEGRALER BESTANDTEIL DES MARKETING-MIX UND VON DAHER IN IHRER WIRKUNG AUCH ABHÄNGIG.

   Die beste Werbekampagne bleibt wirkungslos, wenn das Produkt qualitativ schlecht ist oder wenn einzelne andere Marketing-Mix-Faktoren (Distribution, Preis, Verpackung etc.) nicht stimmen. Das Zusammenspiel aller Faktoren ist die Grundlage für die Effektivität jedes einzelnen Faktors und die Schwäche oder auch Stärke eines Faktors kann die anderen Mix-Faktoren in ihrer Wirksamkeit und Effektivität entscheidend beeinflussen. Am deutlichsten wird dieser Punkt, wenn man sich klarmacht, dass z.B. die schlechte Verfügbarkeit (Distribution im Handel) des Produktes die Werbung im wahrsten Sinne des Wortes ins Leere laufen lässt. Der durch Werbung aktivierte Verbraucher findet das Produkt nicht und kauft ein Konkurrenzprodukt.

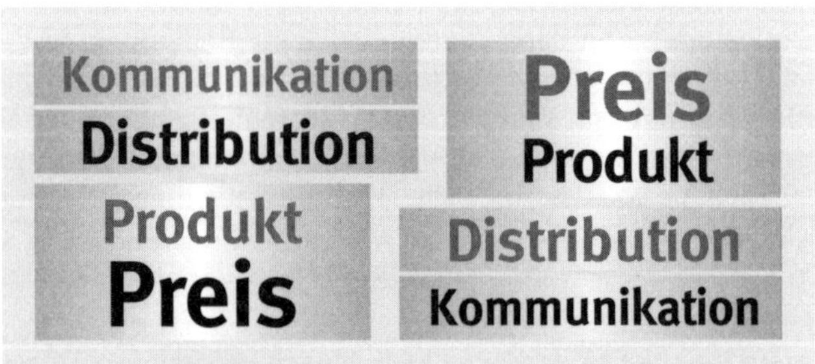


*Faktoren des Marketing-Mix*

Je nach Markt oder Produktkategorie stellt der Faktor Werbung (wie auch die anderen Faktoren) eine speziell zu bewertende Größe im Vermarktungsinstrumentarium dar. Für die Bedeutung des Marketing-Mix-Faktors Werbung in einem speziellen Markt gibt es mehr oder weniger klare Indikatoren. Ein einfacher Indikator kann das Verhältnis der Werbeaufwendungen zum Umsatz sein (wie viel Prozent vom Umsatz einer Marke wird für Werbung aufgewendet). Ein anderer Indikator für die Wichtigkeit von Werbung kann das Verhältnis von Marktanteilen zu Werbeanteilen sein (in den meisten »normalen« Märkten liegt der Werbeanteil unter dem Marktanteil). Natürlich muss man in beiden Fällen sowohl Vergleichsmärkte suchen als auch alle wichtigen Marken in dem jeweiligen Markt einbeziehen.

2. Werbung soll beeinflussen – soll verkaufen. Sie ist Mittel zum Zweck und keineswegs Selbstzweck.

*Die Wirksamkeit von Werbung lässt sich nur schwer zuverlässig messen*

Werbung unterliegt wie jede andere Maßnahme des Unternehmens der Kosten-Nutzen-Betrachtung und muss von daher entsprechende Ergebnisse produzieren. Die Schwierigkeit, die Wirkung der Werbung im betriebswirtschaftlichen Sinne zuverlässig zu messen und zu bewerten und so ihren Leistungsbeitrag einzugrenzen, stellt ein spezifisches Problem der Werbung dar (im Gegensatz hierzu ist z.B. die Wertigkeit von Distribution relativ genau zu berechnen).

Die Abverkaufsentwicklung eines Produktes ist die härteste, aber in der kurz- und mittelfristigen Betrachtung auch die ungerechteste bzw. schlechteste Messlatte für die Wirkung oder Effizienz der Werbung. Mit Testmärkten oder der Betrachtung der Entwicklung einer Marke in der Zeitreihe können Argumente und Fakten zur Beurteilung der Effizienz von Werbung erarbeitet werden.

*Die Kosten-Nutzen-Betrachtung erfordert klare und spezifische Werbeziele*

Der sauberste Weg ist allerdings immer der Bezug zum (hoffentlich) definierten und auch quantitativ bestimmten Werbeziel (siehe hierzu Kap. 3.1 die Ausführungen zur *Copy-Strategie*).

Der Bezug zum Werbeziel stellt natürlich den Kreativen vor die Aufgabe die Wirkungsmechanismen der Werbung zu verstehen und dieses Wissen in die Entwicklung von

*Vielfach ist das Werbebudget nicht fest fixiert, sondern bleibt unbeeinflusst von Erfolg oder Misserfolg einer Marke disponibel*

Werbung einzubeziehen – auch wenn dies hin und wieder dazu führt, dass die Werbekampagne nicht so spektakulär ist, wie es sich der Kreative wünscht.

Ein weiteres in diesem Zusammenhang erwähnenswertes Problem des Faktors Werbung ist seine Disponibilität für die Finanz- und Marketing-Verantwortlichen eines Unternehmens. Während Entwicklungs- und Verpackungskosten sowie z. B. die Vertriebskosten relativ frühzeitig unverrückbar und definitiv fixiert sind, stellt das Werbebudget eine dankbare Quelle für die Profitabilitätssicherung dar. Werbung ist am einfachsten sowohl qualitativ (Änderung der Werbekampagne) als auch quantitativ (Veränderung des Werbebudgets bzw. der Budgetverwendung) angreifbar und änderbar. Nach wie vor neigen viele Unternehmen bei fehlendem Erfolg einer Marke dazu, Gelder aus der Werbung in den Vertriebsbereich zu transferieren, weil dort zumindest der kurzfristige Effekt schneller und unmittelbarer ablesbar und damit vorzeigbar ist.

3. DIE HAUPTNUTZEN DER WERBUNG FÜR DEN VERBRAUCHER SIND INFORMATION, UNTERHALTUNG UND BESTÄTIGUNG.

*Damit sie ihre Wirkung auf den Verbraucher nicht verfehlt, sollte Werbung immer den Nutzen für den Verbraucher im Auge haben*

Die Werbung selbst hat klare Nutzen für den Verbraucher. Die Berücksichtigung dieser Nutzen hat Auswirkungen auf die Wirkung der Werbung: Werbung, die der Verbraucher als nützlich empfindet, wird ihn in Bezug auf das beworbene Produkt positiv konditionieren.

*INFORMATION*

Die Information ist die absolute Grundfunktion und der Grundnutzen der Werbung. Sie kann (muss nicht) aus Fakten über das Produkt oder die Dienstleistung bestehen (z. B. wie funktioniert das Produkt, was leistet das Produkt, welche Inhaltsstoffe enthält das Produkt, was kostet das Produkt, was tut das Produkt für den Verbraucher, welchen Nutzen hat das Produkt, wer ist der Hersteller oder wo gibt es das Produkt etc.). Die Information kann sich auch im eher indirekten, nicht faktischen und vielmehr psychologischen Bereich bewegen (z. B. in welcher »Welt« wird das Produkt benutzt, welche anderen Menschen benutzen das Produkt, wie kann ich mich dank des Produktes fühlen, welchen sozialen Status vermittelt das Produkt etc.).

Würden mehr Werbungtreibende und Werbeagenturen hin und wieder darüber nachdenken, ob der Verbraucher einen echten Informationsnutzen geboten bekommt, würde sicherlich insgesamt positiver über Werbung gedacht und gesprochen.

*Immer noch ist der Informationsgehalt und der »News-Value« (Neuigkeitswert) von Werbung der sicherste Weg Wirkung sicherzustellen*

### *Unterhaltung*

Der Verbraucher nutzt die Medien, die als Werbeträger fungieren, primär zur Information und in hohem Maße zur eigenen Unterhaltung. Entsprechend muss auch die Werbung per se unterhaltend sein. Darüber hinaus sorgt der Unterhaltungswert der Werbung für eine positive Einstellung des Verbrauchers zur Werbung. Diese positive Einstellung ist notwendig, damit die Werbung vom Verbraucher als sehenswert bewertet wird und damit auch die Informationen wahrgenommen werden und letztlich die Marke/das Produkt positiv ankommen.

*Der Unterhaltungswert von Werbung fördert eine positive Einstellung zur Werbung im Allgemeinen und zum Produkt im Besonderen*

Unterhaltung sollte allerdings nicht zwangsläufig mit Humor gleichgesetzt werden. So wie das Fernsehprogramm oder der Inhalt einer Illustrierten für ihren Unterhaltungswert alle Fassetten nutzen, kann auch Werbung auf unterschiedlichste Weise »unterhaltend« sein. Unterhaltende Faktoren sind z.B. attraktive Bilder, sympathische Darsteller, wirkungsvoll in Szene gesetzte kleine Dramen, Neuigkeiten oder einfach überraschende Wendungen.

### *Bestätigung*

Die bestätigende Wirkung der Werbung gibt dem Verbraucher nach dem Kauf Sicherheit. Wenn man so will, schließt sich damit der Kreis des werblichen Prozesses – die Werbung hat per Information einen Kaufwunsch geweckt oder konkretisiert, sie hat den Verbraucher beeinflussend bis zum eigentlichen Kaufakt begleitet und sorgt am Ende für die notwendige Rückbestätigung bzw. -versicherung. Die Bestätigung hat ihre besondere Bedeutung bei höherwertigen Gebrauchsgütern, z.B. Waschmaschine oder Auto. Die positive Bestätigung durch Werbung sorgt im Zusammenspiel mit der Bestätigung durch Freunde, Familie und Arbeitskollegen und dem (hoffentlich) positiven Produkterlebnis dafür, dass der Käufer

*Fühlt sich der Verbraucher durch Werbung in seiner Produktwahl bestätigt, fördert dies eine längerfristige Bindung an das Produkt oder die Marke*

einer Marke auch zu einem positiven Meinungsführer *(OPINION LEADER)* der Marke wird. In diesem Zusammenhang spielt natürlich auch die Betreuung des Käufers nach dem Kauf eine große Rolle (z.B. die Behandlung von Reklamationen oder der Service in Autowerkstätten).

4. WERBUNG MUSS DEM PRODUKT BZW. DER MARKE EINEN PLATZ IM MARKENREPERTOIRE DES VERBRAUCHERS SICHERN.

Sieht man einmal vom Investitionsgütermarkt ab, so sind heute so ziemlich alle Märkte eher mit gleichartigen Produkt- und Dienstleistungsangeboten überbesetzt. Für den Verbraucher bedeutet dies, dass er auswählen kann. Für den Hersteller bedeutet dies, dass er jeden Kunden im Wettbewerb gewinnen muss.

Der Verbraucher hat gelernt mit dem breiten Angebot umzugehen. Seine Markentreue hält sich in den meisten Produktkategorien in engen Grenzen und nur wenigen Produkten gelingt es ihn dazu zu bewegen, es bewusst in verschiedenen Geschäften zu suchen bzw. »meilenweit für ein Produkt zu gehen«.

*Ein Produkt muss den Platz im Markenrepertoire des Verbrauchers zunächst erringen und dann permanent verteidigen*

Breit angelegte Untersuchungen, zuerst in den USA, haben gezeigt, dass jeder Verbraucher für jede Produktkategorie ein relativ festes *MARKEN-REPERTOIRE* hat. Dieses Markenrepertoire variiert von Konsument zu Konsument sowohl hinsichtlich der Anzahl als auch der Rangfolge der Marken, die im Repertoire sind. Zum Beispiel hat Frau A. in ihrem Waschmittel-Markenrepertoire die Marke OMO an erster Stelle, gefolgt von PERSIL und DASH. Bei Frau B. ist OMO gar nicht im Repertoire und DASH steht an erster Stelle vor PERSIL, SUNIL und ARIEL. Ist die an erster Stelle stehende Marke nicht im Geschäft bevorratet, so erhält die zweite Marke ihre Chance.

*In einer Zeit der Marktsättigung und des Überangebotes kann sich kein Anbieter mehr auf die Produkt- oder Markentreue der Verbraucher verlassen*

Jedes Produkt bzw. jede Marke muss erst einmal in das Markenrepertoire der Zielgruppe gelangen, und dort tunlichst an die erste Stelle. Und da dies das Ziel aller im jeweiligen Markt agierenden Marken ist, muss der Platz im Repertoire permanent verteidigt werden. Wesentlich hierbei ist auch die Erkenntnis, dass Markentreue nur in ganz wenigen Kategorien und nur bei sehr wenigen Marken eine verlässliche Größe ist. Zum Beispiel rechnet man in der

Zigarettenindustrie mit durchschnittlich fünf bis sechs Jahren, die ein Konsument bei einer Marke bleibt. Aber auch hier spielt die Zweitmarke eine gewichtige Rolle – kaum ein Raucher geht heute noch »meilenweit« für seine Marke.

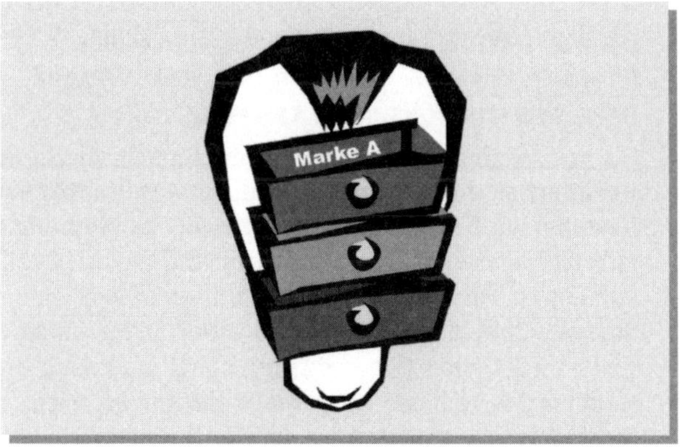


*Am Ende des Tages muss sich die Marke im Kopf des Verbrauchers etabliert haben und dort als die bestmögliche Lösung gespeichert sein.*

Für den Hersteller ist damit das Markenrepertoire in verschiedener Hinsicht eine permanente Herausforderung. So muss er kommunikativ um den Platz im Kopf des Verbrauchers kämpfen und er muss durch Distributions- und Bevorratungsmaßnahmen sicherstellen, dass die von ihm in den Kopf des Konsumenten gebrachten Produkte auch am Ort des Verkaufs vorhanden sind. Ungenügende Distribution oder Bevorratungslücken machen die Investitionen in Kommunikation zunichte. Und natürlich spielt die Qualität des Produktes eine wesentliche Rolle – verändert sich die Qualität deutlich und aus Sicht des Verbrauchers zum schlechten, dann verliert die Marke ihren Platz im Marken-Repertoire.

Der endgültigen Aufnahme einer Marke in das Marken-Repertoire geht immer das Probieren der Marke voraus, d. h., der Verbraucher hat mit allen in seinem Marken-Repertoire vertretenen Marken/Produkten bereits positive Erfahrungen und akzeptiert sie. Werbung sorgt dafür, dass der Verbraucher die Marke kennen lernt, ein positives Bild von ihr bekommt und sie in sein Repertoire der kaufens- und probierenswerten Produkte/Marken aufnimmt – ob sie dann einen festen Platz im Repertoire bekommt, hängt vom tatsächlichen Produkterlebnis und der Produktzufriedenheit ab.

5. DIE BESTE WERBUNG IST EIN GUTES, EINMALIGES PRODUKT, DAS BEIM GEBRAUCH BZW. BEIM VERZEHR HÄLT, WAS DER KONSUMENT ERWARTET.

*Einmal enttäuschte Konsumenten sind schwer bis gar nicht zu einem nochmaligen Kauf zu bewegen – auch nicht durch noch so gute Werbung*

Nur die Werbung ist nachhaltig erfolgreich, die in ihren Versprechen und Informationen durch das Produkt selbst bestätigt wird. Unehrliche oder überzogene Werbung entlarvt sich letztendlich per Produkterlebnis selbst. Der Konsument ist weder »dumm« noch lässt er sich mehr als einmal »über den Tisch ziehen«. Der Erfolg eines Produktes oder einer Dienstleistung hängt langfristig in der Hauptsache von der Wiederkaufrate ab; es reicht also nicht, den Konsumenten nur dazu zu bringen, ein Produkt zu probieren (siehe Punkt 4 Marken-Repertoire). Die Lauterkeit der Werbung sowie die gesicherte Qualität des Produktes verhindern Produktenttäuschung.

Beispiel: Bei der Einführung der Zigarette BARCLAYS in Deutschland konnten zwar extrem hohe Erst-/Probierkäufe erzielt werden – die Werbung und alle anderen Faktoren stimmten. Nach der Probierphase brachen die Abverkäufe jedoch dramatisch zusammen, weil das Produkt durch eine gewisse Harschheit zu Irritationen im Hals führte und dadurch die notwendigen Wiederkäufe ausblieben. Eine zusätzliche negative Pressekampagne der Konkurrenz tat ein Übriges. Der Versuch einer Wiedereinführung *(RELAUNCH)* ca. 10 Monate später mit geändertem Produkt und bewusst aufrichtiger Werbung (»WIR HABEN DAS PRODUKT GEÄNDERT«) half nur noch wenig.

6. WERBUNG MUSS ÜBERZEUGEN UND DARF NICHT ÜBERREDEN. OBWOHL DIE EINDRINGLICHKEIT (PENETRATION) DER WERBEBOTSCHAFT WESENTLICH IST, DARF SIE NICHT PENETRANT SEIN.

Werbung soll dem Konsumenten Argumente liefern – rationale und/oder emotionale Argumente. Sie muss plausibel, relevant und nachvollziehbar sein und sie sollte glaubwürdig sein. Auch bei häufiger Einschaltung sollte die Werbung nicht langweilig werden und u. a. damit auch die Gefahr vermeiden penetrant zu sein.

*Penetranz ist nur durch ideen- und abwechslungsreiche Werbekampagnen vermeidbar*

Noch so hohe Werbebudgets nützen wenig, wenn die Werbung in jeder Beziehung inhaltlos ist und wenn Einfallslosigkeit dazu führt, dass der Konsument die Werbung als unangenehm penetrant erlebt. Das hierfür klassische Beispiel war jahrelang und ist zum Teil auch heute noch die Waschmittelwerbung. Hohe Budgets und sehr gleichartige, von Marke zu Marke kaum unterscheidbare Werbung sorgten für eine kaum erträgliche Penetranz. Und obwohl sich in diesem Bereich vieles zum Guten verändert hat, wird die Waschmittelwerbung nach wie vor von den Konsumenten als das Paradebeispiel für verdummende Werbung zitiert.

7. Werbung wirkt selten kurzfristig – erfolgreiche Werbung braucht Zeit um zu wirken.

*Werbung sollte langfristig angelgt sein, um beim Verbraucher eine dauerhafte Produktbindung zu bewirken*

Die Veränderung von Einstellungen, Verhalten, Images oder Markenpräferenzen braucht Zeit und Kontinuität. Dies bezieht sich sowohl auf die Inhalte und die Gestaltung von Werbung als auch auf die Präsenz von Werbung. Häufige Wechsel von Werbekampagnen erzeugen möglicherweise kurzfristige Erfolge, führen aber selten zu langfristig stabilen Erfolgen. Marken wie Marlboro, Nivea, Becel, Mon Cheri, Persil, Coca-Cola, Milka, Tchibo, Jacobs Krönung oder Dr. Oetker sind durch Kontinuität in der Werbung und im Markenauftritt zu dem geworden, was sie heute sind. Ihre Aktualität und Modernität haben sie sich durch gefühlvolle Evolution erhalten – Produkt und Werbung haben sich weiterentwickelt ohne ihre Markenpersönlichkeit zu verlieren.

8. Werbung muss der Zielgruppe auffallen – und gefallen.

*Aus der allgegenwärtigen Informationsflut sollte Werbung positiv herausstechen – aber nicht um jeden Preis*

Die Werbeblöcke im Fernsehen werden immer länger, in den Illustrierten sind immer mehr Anzeigen und bei der Fahrt durch die Stadt kann man kaum mehr der Plakatwerbung entkommen. Werbung muss deshalb kreativ und überraschend sein, sie muss durch Ideen auffallen. Gleichzeitig muss Werbung auch relevant und interessant für die Zielgruppe sein. Die immer größer werdende Informationsflut erfordert zwangsläufig, dass nur die Werbung ihren Zweck erfüllt, der es gelingt, aus ihrem Umfeld herauszuragen – eben aufzufallen. Ebenso muss jede Werbung auch gefallen. Das Ideal ist sicherlich, wenn die Zielgruppe positiv über die Werbung denkt und auch positiv über sie spricht und in der Konsequenz dann auch das Produkt kauft und verwendet.

Tunlichst vermeiden sollte man das Auffallen um jeden Preis. Hier sei nur an das unrühmliche Beispiel Benetton erinnert – das blutige T-Shirt war in aller Munde, aber für viele Verbraucher war dies auch ein Signal die Benetton-Läden zu meiden.

9. Werbung braucht die Aufmerksamkeit des Managements.

*Werbung ist Chefsache*

Die Bedeutung des Marketing-Mix-Faktors Werbung für den Markterfolg erfordert heute mehr denn je die Aufmerksamkeit des Managements bzw. der erfahrenen Manager eines Unternehmens. Die mit der Werbung verbundenen Investitionen in die Marken und die Abhängigkeit des Unternehmenserfolgs von der Effizienz der Werbung machen den Faktor Werbung fast zwangsläufig zur Chefsache.

10. Die Werbung sollte so gut sein, dass jeder im Unternehmen sie gerne seiner eigenen Familie zeigen würde.

*Machen Sie die Probe aufs Exempel und testen Sie Ihre Werbung im eigenen Umfeld; die interne Wirkung von Werbung ist in der Regel ein gutes Spiegelbild für ihre Wirkung im Markt*

Die interne Wirkung der Werbung im Werbung treibenden Unternehmen wird oft unterschätzt. So wie man in der Werbeagentur bereits an der Reaktion der Kollegen merken kann, ob man eine außergewöhnliche oder nur durchschnittliche Idee verfolgt, genauso wirkt die Werbung bereits im Unternehmen. Eine gute Werbekampagne erkennt man in der Regel schon daran, dass in der Betriebskantine darüber gesprochen wird. Davon ausgehend, dass die Sekretärin und der Buchhalter, der Abteilungsleiter und auch der Pförtner erst einmal Konsumenten mit ganz normalen Reaktionen sind, hat man im eigenen Unternehmen oft die beste Messlatte. Dass eine Werbekampagne, auf die die eigenen Mitarbeiter von Freunden und Bekannten angesprochen werden, den Stolz auf das Unternehmen, in dem man arbeitet, erhöht und damit auch die Motivation wächst, ist ein zusätzlicher Effekt guter Werbung.

Wenn es auch manchmal überraschend endet, so sollte man sich auch nicht scheuen, die Werbekampagne, an der man mitgearbeitet hat, der eigenen Familie zu zeigen. Wenn dies jeder tun würde, dann wäre die Qualität mancher Werbekampagne wahrscheinlich deutlich besser.

## 2 Wie kann Werbung auf den Kaufentscheidungsprozess Einfluss nehmen?

Um den Einfluss und die Möglichkeiten von Werbung verstehen zu können, muss man den Verbraucher in seinem Verhalten, seinen Bedürfnissen und Wünschen verstehen. Vor allem sollte man eine klare Vorstellung davon haben, wie der Kaufentscheidungsprozess abläuft, denn genau diesen Prozess soll die Werbung ja beeinflussen.

*Die Kaufentscheidung hängt von den Bedürfnissen und Wünschen der Konsumenten ab*

Von Abraham H. Maslow stammt die oft auch kontrovers diskutierte *Bedürfnishierarchie*, die aber letztendlich die wesentlichen Bedürfnisse des Menschen erfasst:

*Die Bedürfnispyramide von H. Maslow versucht die grundlegenden aufeinander aufbauenden menschlichen Bedürfnisse auszuweisen*

A. Physische Bedürfnisse

1. *Physiologische Bedürfnisse*: Die Grundlagen des Überlebens, z.B. Essen, Trinken, Kleidung, Unterkunft.
2. *Sicherheitsbedürfnisse*: Sorge um das physische Überleben, normale Vorsicht, die bei dem Versuch Hunger und Durst zu stillen, eventuell vergessen werden kann.

B. Soziale Bedürfnisse

3. *Zugehörigkeit und Liebe*: Das Bestreben von den nahen Familienmitgliedern akzeptiert zu werden und in ihren Augen eine wichtige Person zu sein. Dieses Bestreben kann auch Nicht-Familienmitglieder, denen sich die Person nahe stehend fühlt, mit einbeziehen.
4. *Ansehen und Status*: Das Bestreben relativ zu anderen eine hohe Stellung innezuhaben, andere zu beherrschen, einen guten Ruf und Prestige zu genießen.

C. Auf das Selbst bezogene Bedürfnisse

5. *Selbstverwirklichung*: Der Wunsch zu wissen, zu verstehen, zu systematisieren, zu organisieren und ein System von Wertvorstellungen aufzubauen (auch ästhetische Bedürfnisse).

*Die Grundbedürfnisse des Menschen sind Triebfeder jeden Konsums*

Ob und wie weit Werbung tatsächlich in der Lage ist Wünsche zu wecken, ist angesichts und bezogen auf die vorstehende Maslowsche Bedürfnishierarchie eine müßige Diskussion. Letztendlich entspringen so ziemlich alle Kauf- und Besitzwünsche einem der genannten Maslowschen Grundbedürfnisse. An dieser Stelle ist sicherlich festzuhalten, dass die Grundbedürfnisse des Menschen die eigentlichen Triebfedern jeden Konsums darstellen.

Werbung, die ja die Kaufentscheidung beeinflusst, muss sich daher mit den ihr zugrunde liegenden Wünschen und Bedürfnissen auseinander setzen. Der konkrete (physische) Kaufakt bzw. die definitive Kaufentscheidung ist das Ende eines komplexen Prozesses in verschiedenen Phasen.

## 2.1 Wie der Prozess der Kaufentscheidung verläuft

Man kann sich diesen Prozess als einen Netzplan vorstellen, der in seiner Komplexität und im Zeitbedarf je nach Produktkategorie variabel ist. So reduziert sich der Prozess bei einem (Konsum-)Produkt des täglichen Bedarfs – etwa einem Päckchen Kaugummi – natürlich auf ein kaum erkennbares Minimum an Aufwand, während bei einem hochpreisigen, teuren Produkt der Prozess der Kaufentscheidung eine zeitaufwändige Angelegenheit ist.

*Bevor eine Kaufentscheidung gefällt wird, müssen die mit dem Kauf verbundenen Risiken beurteilt werden*

Die wesentliche Rolle hierbei spielt die Einschätzung der Risiken – sowohl der reinen Produktrisiken als auch der eher psychologischen Risiken. Je größer das Risiko sich darstellt, desto größer ist der Bedarf an Information und an Absicherung. Während die Produktrisiken noch relativ einfach abschätzbar sind (wird der Kühlschrank so funktionieren, wie er soll; wirkt das Medikament; ist der Kriminalroman wirklich spannend; stimmt das Preis-Leistungs-Verhältnis) und durch Garantie- und Service-Angebote relativ gut in den Griff zu bekommen sind, stellen die psychologischen Risiken schwer überwindbare Barrieren dar.

*Zur Überwindung des Produktrisikos reichen oft gute Garantie- und Service-Angebote*

Die psychologischen Risiken beziehen sich primär (und vereinfacht) auf die Selbstdarstellungsbedürfnisse (Sicherheits- und Sozialbedürfnisse) des Konsumenten. Die Entscheidung für eine Marke ist je nach Kategorie ein mehr oder weniger deutliches Bekenntnis – zur Marke, zu mit der Marke verbundenen Wertvorstellungen und zur mit der Marke verbundenen »Welt«. Produkte bzw.

*MARKEN HABEN EINE GEWISSE, MEHR ODER WENIGER MARKANTE AUSWEISFUNKTION – JE NACH SOZIALEM UMFELD UND EIGENVERSTÄNDNIS DES VERBRAUCHERS KÖNNEN MARKEN DIE AKZEPTANZ IM JEWEILIGEN SOZIALEN UMFELD VERBESSERN ODER VERSCHLECHTERN.*

*Die Entscheidung für ein Produkt/eine Marke berührt immer auch das Selbstdarstellungsbedürfnis des Konsumenten: Dieses psychologische Risiko ist nur durch ein starkes Marken-Image reduzierbar*

Das Risiko, ein Produkt/eine Marke zu verwenden, das/die auf Ablehnung in der Familie oder im Freundeskreis stößt, wiegt im Zweifel höher als rein technische Risiken. Zum Beispiel kann die Umstellung von der Marlboro auf die Leichtzigarette R1 im Freundeskreis Assoziationen wie »... verträgst wohl keine anständige Zigarette mehr« oder »... das ist doch nichts für einen richtigen Mann« hervorrufen. Die vielleicht erwartete lobende Reaktion kommt im Zweifel nur von Personen, die per se dem Rauchen sehr ablehnend gegenüberstehen und nun den nächsten Schritt (Aufhören mit dem Rauchen) fordern. Der vernünftige Kleinwagen bringt im Zweifel die Kinder der Familie in das Problem, nun in ihrem Freundeskreis scheinbar nicht mehr mithalten zu können.

*Das mit der Wahl einer Produktmarke verbundene psychologische Risikopotenzial ist zugleich auch eine Chance für die Werbung*

Wie fast immer im Leben ist auch in Bezug auf das mit der Produkt-/Markenwahl verbundene psychologische Risiko auch gleichzeitig eine große Chance: Der psychologische Nutzen oder Wert stellt in vielen Produktfeldern nicht nur das größte Risikopotenzial, sondern auch das attraktivste Reizpotenzial für den Verbraucher dar. So partizipierte z. B. die Sportschuhmarke NIKE einige Jahre in starkem Maße davon, dass sie bei Schülern und Jugendlichen einfach »in« war – ohne »NIKES« konnte man sich nicht sehen lassen.

Grundsätzlich verläuft der Kaufentscheidungsprozess in fünf Phasen:

*Phase 1:* BEDARFSKONKRETISIERUNG UND BEDARFSKONFLIKT

*Phase 2:* DAS BEWUSSTWERDEN DER WAHLMÖGLICHKEITEN

*Phase 3:* INFORMATION ÜBER DAS ANGEBOT

*Phase 4:* DIE PRAKTISCHE PRÜFUNG DES ANGEBOTS UND DIE KAUFENTSCHEIDUNG

*Phase 5:* BESTÄTIGUNG DER KAUFENTSCHEIDUNG

### 2.1.1 Bedarfskonkretisierung und Bedarfskonflikt

Ob bewusst oder unbewusst, ob emotional oder rational entstanden, der auf ein Produkt oder eine Dienstleistung konkretisierte Bedarf (Kaufwunsch) ist immer das Ergebnis persönlicher Motive und Bedürfnisse.

Man hat Bedarf an einem Produkt, weil es helfen kann bestimmte Probleme zu lösen oder weil es für einen bestimmten Zweck einfach praktisch ist oder weil man nur Lust hat das Produkt zu verzehren oder weil es der Nachbar schon hat oder weil man Ersatz für ein unbrauchbares oder veraltetes Produkt braucht. Es gibt unzählige Gründe, warum sich ein Bedarf konkretisiert.

*EINE DER WESENTLICHEN FUNKTIONEN DER WERBUNG LIEGT IN DER KONKRETISIERUNG VON LATENT VORHANDENEM BEDARF.*

*Werbung konkretisiert Bedarf und löst damit den Kaufentscheidungsprozess aus*

Das Aufeinandertreffen von Bedarf und des Bedarfslösungsangebots per Werbung ist damit sehr oft gleichzeitig die Bedarfskonkretisierung selbst; d.h., das Bedürfnis ist latent vorhanden, aber noch mehr oder weniger inaktiv und unkonkret.

Die richtige Botschaft zum richtigen Zeitpunkt kann (muss nicht) dieses Bedürfnis konkretisieren und in einen sehr konkreten Kaufwunsch wandeln. Natürlich spielen in dieser Phase über die Werbung hinaus alle auf den Verbraucher einwirkenden Reize eine Rolle – der PR-Artikel in einer Zeitschrift oder das Mailing eines Versandhauses oder auch Bemerkungen von Freunden und Bekannten.

In dem Zeitraum, in dem der Bedarf als solcher richtig bewusst und konkret wird bzw. der Wunsch nach dem Besitz eines Produktes sehr konkrete Formen annimmt, beginnt auch der Bedarfskonflikt.

*Der Bedarfskonflikt besteht im Abwägen der mit dem Kauf möglicherweise verbundenen Vor- und Nachteile*

Je nach Produktkategorie und den mit dem Kauf verbundenen Risiken (sowohl emotionaler, rationaler bzw. finanzieller Art) ist dieser Konflikt ein echter kaufhemmender Faktor. Hier entsteht ein Abwägen zwischen Notwendigkeit des Kaufs, Angemessenheit des Aufwands und dem möglichen oder angenommenen Nutzen des Produkts sowie natürlich den angenommenen Reaktionen des sozialen Umfelds auf den Kauf. Es stehen sich verschiedenste Motive und Regungen gegenüber: der Reiz und die Lockung des Neuen versus den verschiedenartigen Aufwendungen (Zeit, Geld, Verteidigung des Kaufs etc.).

Das Konfliktpotenzial, das in einem Kaufwunsch steckt, wächst in dem Maße, in dem die Aufwendungen für den Kauf und die Risiken einer Fehlentscheidung wachsen. Und natürlich wächst der psychologische Druck in dem Maße, in dem eigene Leistung und der Wert des Produktes in einem Missverhältnis stehen.

### 2.1.2 Das Bewusstwerden der Wahlmöglichkeiten

*Vielfach dominiert der Reiz des Neuen mögliche kaufhemmende Faktoren*

Die auf die Befriedigung eines konkret gewordenen Bedarfs gelenkte Aufmerksamkeit erhöht die spezifische Wahrnehmung in hohem Maße. Während die rational und emotional abwehrenden Faktoren fast schon systematisch zurückgedrängt werden, werden alle für den Kauf sprechenden Faktoren hoch gewichtet. Das Bewusstwerden der Wahlmöglichkeit zwischen Verzicht und Kauf ist dabei in der Regel nur scheinbar eine schwierige Situation – der Reiz des Neuen dominiert meistens das Abwägen.

Am Beispiel des Autokaufs lässt sich dies sehr plastisch darstellen. Der Wunsch nach einem neuen Wagen wird durch die Summierung der Vorteile des ins Visier genommenen neuen Wagens und die Nachteile des alten Wagens begründet. Der eigentlich noch sehr zuverlässige alte Wagen wird in dem Maße schlechter, je konkreter sich der neue Wagen im Bewusstsein etabliert. Kleine Unzulänglichkeiten des alten Wagens, mit denen man bisher gut lebte, werden zu echten Problemen hochstilisiert. Im wahrsten Sinne des Wortes demontiert der Verbraucher das stärkste Kaufhindernis.

*In der Phase des Bewusstwerdens der Wahlmöglichkeiten wird die Werbung zu einem höchst willkommenen Lieferanten von Argumenten.*
*Sie erreicht hier ihre höchste Wirksamkeit, da sie auf einen konkret suchenden und für Produktargumente hoch empfänglichen Konsumenten trifft.*

### 2.1.3 Information über das Angebot

In den meisten Produktkategorien hat der Konsument die Qual der Wahl – welches Produkt bzw. welche Marke entspricht am besten seinen Vorstellungen und bietet den höchsten Gegenwert zum Aufwand? Er informiert sich mehr oder weniger systematisch über das Angebot. Klassische Werbung, Prospekte, Kataloge und Schaufenster, Hinweise von Freunden und Arbeitskollegen werden einbezogen.

Bereits in seinem *MARKENREPERTOIRE* (siehe Kap. 1.1 Punkt 4) befindliche Marken haben in dieser Phase den Logenplatz.

*DIE KLASSISCHE WERBUNG KANN IN DIESER PHASE DURCH VERMEHRTE ANSTÖSSE DIE AUFMERKSAMKEIT AUF EIN BESTIMMTES PRODUKT LENKEN UND DIE PRÄFERENZ FÜR DAS JEWEILIGE PRODUKT ERKÄMPFEN.*

*Allein durch Werbepräsenz in der Phase der Informationssammlung kann der Hersteller sich Vorteile erarbeiten*

Die Informationssammlung und -selektion erfolgt nach einem eher subjektiven Auswahlraster, d.h. je nach *KONDITIONIERUNG* (in Bezug auf bestimmte Reaktionen geprägt sein) und Erfahrung ist der Konsument offen für bestimmte Marken, Produkte oder Informationen. Je nach Produktkategorie und je nach spezifischer Situation ist der Konsument für einzelne Auswahlkriterien offener als für andere.

*Die Phase der Informationssammlung kann in einen erneuten Bedarfskonflikt überleiten*

Bei der Flut von Informationen und Produkten, die auf den Konsumenten in dieser Phase einwirken, bleibt es kaum aus, dass Widersprüche und Verunsicherungen entstehen und er in eine erneute Phase des Bedarfskonflikts gerät (...alles viel zu teuer, brauche ich wirklich das Produkt, das alte tut es doch noch gut und überhaupt...).

### 2.1.4 Die praktische Prüfung des Angebots und die Kaufentscheidung

Mit der praktischen oder physischen Prüfung/Auseinandersetzung mit dem Produkt (z.B. die Probefahrt mit dem Auto, die Vorführung der Waschmaschine, das Riechen am Käse etc.) setzt sich der Konsument auch der Beeinflussung des Verkäufers bzw. den Einflüssen des Verkaufsortes aus. Von der durchschnittlichen Mentalität des Konsumenten ausgehend kann unterstellt werden, dass schon das Betreten des

Verkaufsortes eine echte Vorentscheidung für die Durchführung des Kaufs darstellt.

Je positiver die Erwartungshaltung gegenüber dem infrage stehenden Produkt ist (je positiver der Konsument also konditioniert ist), desto bestimmender ist dies für die Bewertung der Ergebnisse der praktischen Prüfung – kritische oder vertretbar negative Aspekte werden nun gerne relativiert. In der Regel kann unterstellt werden, dass die überwiegende Anzahl der kaufwilligen Konsumenten auch tatsächlich kauft. Nur wenige können sich der direkten Beeinflussung des Verkäufers wieder entziehen. Außerdem hat der Konsument für sich selbst bereits vor oder beim Betreten des Verkaufsortes eine Kaufentscheidung gefällt und alles in ihm schreit nach der »Tat«.

*Grundsätzlich fällt die Kaufentscheidung dann, wenn alle oder die Mehrzahl der kaufhemmenden, rationalen und emotionalen Aspekte und Motive überwunden sind*

*DIE WERBUNG KANN IN DIESER PHASE KAUM ETWAS VERÄNDERN ODER WIRKLICH BEEINFLUSSEN. SIE MUSS DEN KONSUMENTEN VOR DEM BETRETEN DES KAUFORTS ERREICHT UND WIRKUNG HINTERLASSEN HABEN.*

### 2.1.5 Bestätigung der Kaufentscheidung

Erst nach dem Kauf stellt sich für den Konsumenten die Richtigkeit seiner Kaufentscheidung heraus. Sind die Erlebnisse mit dem neu erworbenen Produkt positiv, dann wird er die Marke und eventuell auch den Produzenten der Marke und damit letztendlich auch sein richtiges Kaufverhalten nach außen demonstrieren. Das neue Auto wird Freunden vorgeführt, die neue Waschmaschine wird heftig genutzt und im Familien- und Freundeskreis empfohlen etc.

*Erfolg oder Misserfolg eines Kaufs werden nach außen kommuniziert*

Sind die ersten Erlebnisse eher negativ, so wird der Konsument erst einmal durch eine Phase der Verteidigung seiner Kaufentscheidung gehen – wer gibt schon gerne zu, sich »verkauft« zu haben.

Diese Verteidigungsphase (die Tatsache, dass das neue Auto nicht anspringt, wird zunächst hingenommen und im Zweifel als eigene Unfähigkeit oder als unglücklicher Zufall erklärt) dauert allerdings nicht ewig. Halten die negativen Erlebnisse mit dem Produkt an, so wird der enttäuschte Konsument zu einem für die Marke belastenden Kommunikationsfaktor.

Die Bedeutung des Konsumenten als Kommunikator bzw. als Meinungsführer *(Opinion Leader)* ist nicht zu unterschätzen. Unzufriedene Käufer machen schlechte »Presse« für das Produkt in ihrem sozialen Umfeld und können ein Unternehmen viel Geld kosten.

Die bestätigende Wirkung der Werbung auf die Verwender ist gerade bei Produkten, die stark nach außen wirken, nicht zu unterschätzen. Der Konsument möchte sich und sein Produkt wiederfinden; per Werbung bekommt er die Wertigkeit und Aktualität des von ihm gekauften Produktes bestätigt.

*Die Werbung wird in einem begrenzten Zeitraum nach dem Kauf als eine Möglichkeit der Rückbestätigung bzw. Rückversicherung wahrgenommen – man sieht »sein« Produkt. Dies hilft auch Wiederholungskäufe vorzubereiten und trägt zum Aufbau von Markenbindung bzw. -treue bei.*

Insbesondere bei den höherwertigen Gebrauchsgütern wird es immer wichtiger, die Käufer auch nach dem Kaufakt im Fokus zu behalten. Die Bearbeitung von Reklamationen oder Serviceleistungen sorgen ebenfalls für Bestätigung und damit letztlich für Kundenbindung. Für viele Autokäufer z.B. ist inzwischen die Frage des Services (wo ist eine Werkstatt und wie gut ist die Werkstatt) zu einem entscheidenden Faktor bei der Auswahl ihres Autos geworden.

## 3 Für wirksame, gute Werbung benötigen Sie die richtige Strategie

Es bedarf sicherlich keiner großen Erklärung, dass Werbung keineswegs das Zufallsprodukt irgendwelcher besonders kreativer Menschen ist, sondern eine festgelegte Rolle und Funktion im Vermarktungsprozess hat (wie in den bisherigen Ausführungen bereits angesprochen), und dies mit allen Konsequenzen. Nicht wenige Marketing- und Kommunikationsfachleute sehen daher in der Entwicklung der Strategie den eigentlich wesentlichen, durchaus auch kreativen Akt und den Schlüssel zum Erfolg einer Werbekampagne:

*Im Rahmen der richtigen Strategie ist es wahrscheinlicher, mit einer nur mittelmässig umgesetzten gewöhnlichen Idee Erfolg zu haben als mit einer gut umgesetzten aussergewöhnlichen Idee im Rahmen der falschen Strategie.*

So wie Werbung nur ein Teil des Vermarktungsinstrumentariums ist, ist auch die Frage der Strategie nicht allein auf die Werbung beschränkt zu betrachten. Erfolgreiche Firmen zeichnen sich i.d.R. durch eine klare strategische Ausrichtung aus – eine Ausrichtung, die dem Unternehmen und damit dem Management und den Mitarbeitern eine Richtung für ihr Handeln im Unternehmen und im Markt vorgibt. Folgerichtig leitet sich die Kommunikationsstrategie für eine Marke oder das Gesamtunternehmen von den Unternehmenszielen und -strategien ab.

*Das Instrument Kommunikation muss seinen Beitrag zur Erreichung der Unternehmens- und Marketingziele leisten und wird daran gemessen, ob es diesen Beitrag leistet*

Die besondere Schwierigkeit liegt darin, die Wirkungszusammenhänge zu erkennen und daraus abzuleiten, welche spezifische Werbezielsetzung und daraus folgend welche Strategie den größtmöglichen Beitrag zur Erreichung der Unternehmens- und Marketingziele leistet. Ein Beispiel mag dies verdeutlichen: Das Unternehmensziel ist es, mit den Hauptmarken in den jeweiligen Märkten wertmäßiger Marktführer zu sein. Folgerichtig ist als Marketingziel für die Marke X für das folgende Jahr die Erringung der wertmäßigen Marktführerschaft fixiert. Für die Kommunikation ergibt sich hieraus erst einmal keine auf der Hand liegende Zielsetzung oder gar strategische Richtung. Es bedarf einer genauen Analyse, ob z.B. eine signifikante Steigerung der Markenbekanntheit oder eine Steigerung der Bekanntheit der besonderen Produktvorteile (z.B. die Tatsache, dass diese Marke einen Mehraufwand gegenüber der Konkurrenzmarke auch wert ist) der zur Erreichung des Marketingziels richtige und angemessene Beitrag ist.

Diese ursächlichen Zusammenhänge werden in vielen Kommunikationsstrategien in ihrer Tragweite verkannt. Eine Folge davon ist, dass das am weitesten verbreitete Werbeziel die Steigerung der Bekanntheit ist.

Innerhalb der Marketingstrategie wird die strategische Ausrichtung der Kommunikation bzw. Werbung in der *Copy-Strategie* oder *Copy-Plattform* festgelegt.

## 3.1 Die Copy-Strategie – welches strategische Ziel verfolgt Ihre Kommunikation?

*Die Copy-Strategie ist gewissermaßen der Personalausweis einer Marke*

Die Copy-Strategie fasst die Rolle der Kommunikation im Marketing-Mix zusammen – Ziel, Inhalt und Stil. Ihre wesentliche Aufgabe ist es, die (kreative) Umsetzung der Marketingstrategie der Konsumentenansprache in die vorgegebene Richtung zu lenken und zu disziplinieren. Die Copy-Strategie ist der Personalausweis der Marke. Sie muss in ihren einzelnen Elementen wie auch in ihrer Gesamtheit die angestrebte Marken-Persönlichkeit begreifbar, darstellbar und nachvollziehbar machen.

Wie ein Personalausweis sollte auch die Copy-Strategie kurz und prägnant sein – und vor allem sollte sie die Marken-Persönlichkeit in unverwechselbarer Weise darstellen. Wenn man unterstellt, dass die faktischen Produktmerkmale oft nur wenig differenzierend zur Konkurrenz sind, dann ist es gerade die Marken-Persönlichkeit, die Produkten bzw. Marken zu Profil verhilft.

Die Copy-Strategie ist damit die entscheidende und verbindliche Briefing-(Einweisungs-)Unterlage für die Umsetzung in Kommunikation und die Arbeitsgrundlage für die Kreativen. Gleichzeitig ist sie die »Messlatte« für die Beurteilung der Arbeitsergebnisse der Kreativen.

Im Sinne der o.g. Aufgaben der Copy-Strategie ist es nur verständlich, dass die Copy-Strategie von allen Beteiligten sowohl aufseiten des Werbungtreibenden als auch aufseiten der Werbeagentur inhaltlich mitgetragen werden muss und vor dem Beginn der Arbeit an der Werbekampagne verabschiedet sein sollte.

*Nur wenn alle strategischen Optionen ausdiskutiert sind und eine verabschiedete Strategie vorliegt, wird eine Vermischung von Strategie- und Kreativdiskussion vermieden*

In vielen großen Markenartikel-Unternehmen gibt es einen sehr formalisierten Prozess der Strategie-Entwicklung und Verabschiedung, der in der Regel damit endet, dass die Verantwortlichen die Copy-Strategie abzeichnen. Hierbei sind konsequenterweise die Beratungs- und Kreativverantwortlichen aufseiten der Werbeagentur voll einbezogen.

Die Copy-Strategie sollte idealerweise die Grundlage für die gesamte Kommunikation zum Konsumenten bzw. zur Zielgruppe sein, d.h., auch die kommunikative Seite der Verkaufsförderung oder der Produkt-PR sollte sich wie die Werbung an der Copy-Strategie messen lassen (was oft zu wenig beachtet wird). Der kommunikative Auftritt einer Marke gewinnt durch die dadurch erreichten Synergie-Effekte schneller und sicherer an Profil.

Der formale Aufbau der Copy-Strategie variiert zwar von Werbeagentur zu Werbeagentur und von Unternehmen zu Unternehmen, inhaltlich gibt es jedoch wenig Unterschiede. Grundsätzlich sollte die Copy-Strategie nie länger als eine Seite sein. Mit dieser formalen Vorgabe wird auch sichergestellt, dass nach den wesentlichen inhaltlichen Punkten gesucht wird und langatmige Ausführungen mit vielen Worthülsen vermieden werden.

Die einzelnen Elemente der Copy-Strategie sind:

1. die Kommunikations-(Werbe-)Ziele
2. die Zielgruppe
3. der Wettbewerb
4. die Marken-Positionierung
5. das Versprechen/der Nutzen (Benefit)
6. die Begründung für das Versprechen (Reason Why)
7. die Art und Weise der Kommunikation/die Tonalität
8. die Restriktionen/die einschränkenden Kommentare

Alle Elemente stehen in einer Beziehung zueinander. Zusammengenommen ergeben sie die Grundlage der Marken-Persönlichkeit – den »Personalausweis« der Marke.

### 3.1.1 Wie weisen Sie ein überprüfbares Kommunikations-(Werbe-)Ziel aus?

Natürlich ist es in letzter Konsequenz das Ziel von Werbung, Produkte oder Dienstleistungen zu verkaufen und Verhalten zu verändern sowie bei bestehenden Kunden auch Verhalten zu bestätigen. Wie schon an anderer Stelle deutlich gemacht ist eine ganze Reihe von Faktoren im Zusammenspiel verantwortlich für den tatsächlichen Verkauf bzw. Abverkauf, für die Steigerung von Marktanteilen oder die Gewinnung von Verwendern – z.B. Distribution, Preis, Verkaufs- und Merchandisingmaßnahmen oder schlicht die Produktqualität. Die Idealsituation zur isolierten Beurteilung der Wirkung bzw. des Wirkungsbeitrags von Werbung hinsichtlich des Abver-

*Die Idealsituation zur isolierten Beurteilung der Wirkung von Werbung hinsichtlich des Abverkaufs gibt es so gut wie nie*

kaufs gibt es so gut wie nie. Selbst wenn es gelingen sollte, alle eigenen Aktivitäten über einen größeren Zeitraum identisch und stabil zu halten, spielen externe Einflüsse wie z.B. allgemeines Konsumklima, Konkurrenzaktivitäten oder Handelsaktivitäten eine unkalkulierbare und schwer auszurechnende Rolle. Nur durch die gewissenhafte Analyse des Marktes und der Marktmechanismen sowie der Einbeziehung von Erfahrungswerten ist es überhaupt zu leisten, bestmögliche Annahmen als Basis für die Formulierung des Werbeziels zu treffen.

Ziele wie Erhöhung des Abverkaufs, Steigerung des Marktanteils oder Gewinnung neuer Verwender sind definitiv Marketingzielsetzungen – die Werbung/Kommunikation hilft je nach Produktkategorie mehr oder weniger direkt diese Zielsetzungen zu erreichen.

### Was sind zulässige Werbeziele?

*Das Werbeziel leitet sich vom Marketingziel ab – d.h., entscheidend ist, ob und welchen Beitrag die Werbung zur Erreichung des Marketingziels leisten kann und soll*

Russell H. Colley hat in dem von ihm herausgegebenen Buch »Defining Advertising Goals« immerhin 52 mögliche und sinnvolle Werbeziele identifiziert – wie viele dieser Ziele jemals sinnvoll zur Anwendung kommen, sei dahingestellt.

Für die Festlegung des Werbeziels gibt es einige Grundregeln, deren Einhaltung die Operationalität (Überprüfbarkeit) des Werbeziels sicherstellt:

- *Ein klar formuliertes Ziel statt mehrerer Ziele.*
- *Das Ziel sollte so spezifisch wie möglich definiert werden.*
- *Das Ziel sollte erreichbar (in einem definierten Zeitrahmen) und messbar/kontrollierbar sein.*

*Welche verlässlichen Ausgangsdaten sind überhaupt verfügbar?*

Eines der Hauptprobleme bei der Festlegung des Werbeziels ist meistens die Verfügbarkeit von verlässlichen Ist-Daten. So wird beispielsweise die Erhöhung der gestützten Markenbekanntheit als Ziel erst dann kontrollierbar, wenn man weiß, wie hoch die gestützte Markenbekanntheit *vor* dem Einsatz von Werbung ist. Viel zu oft wird mit diesem Werbeziel gearbeitet, ohne dass wirklich verlässliche Daten vorliegen und vor allem ohne dass eindeutig ist, dass dies der wirkliche Problembereich ist.

## Wie weisen Sie ein überprüfbares Kommunikationsziel aus?

*Welche Bedeutung hat das Werbeziel für die Erreichung der Marketingziele?*

Das zweite Problem bei der Festlegung des Werbeziels ist in der Beurteilung der Relevanz des Werbeziels für die Erreichung der Marketingziele zu sehen – z.B.: Wie weit hilft die Erhöhung der Markenbekanntheit im Rahmen der in der Marketingzielsetzung angestrebten Verdopplung des wertmäßigen Absatzes tatsächlich oder sollte hier das Werbeziel besser im Ausweis des Produktnutzens liegen?

*Auf welcher Basis können quantitative Ziele wie z.B. prozentuale Steigerungen festgelegt werden?*

Ein weiteres Problem stellt die Festlegung der Steigerungsrate dar. Ob im Werbeziel eine Steigerung von 10 % gestützte Markenbekanntheit auf 20 % festgelegt wird oder nur 5 % Steigerung, ist auch von Faktoren wie der Höhe des Werbebudgets oder der Wettbewerbs- und Werbeintensität des jeweiligen Marktes abhängig. Hinzu kommen der Aspekt des bereits erreichten Niveaus (von 0% lässt sich einfacher um 10 oder 20 % steigern als beispielsweise von 50 % aus) sowie die Wichtigkeit der Produktkategorie für den Konsumenten. Diese Probleme sind nur über die tiefer gehende Analyse der Marktmechanismen lösbar. So wird man bei der Betrachtung eines Marktes und der von den Hauptwettbewerbern getätigten Werbeausgaben relativ schnell ein gutes Gefühl dafür bekommen, welche Investitionen in Werbung notwendig sind, um bestimmte Ergebnisse zu erlangen. Entsprechend lässt sich dann auch eine realistischere Festlegung von Steigerungsraten machen.

Ausgehend von den genannten Punkten ist die Festlegung eines relevanten Werbeziels erst nach sehr guter Analyse und mit sauberem strategischen Denken möglich.

### Beispiele möglicher und zulässiger Werbe-(Kommunikations-)Ziele

*Um einen Werbeerfolg messbar zu machen, müssen Werbeziele auf der Basis eines ausgewiesenen Ist-Zustandes exakt formuliert werden*

- Information über das Produktangebot
  Ganz konkret: x% der Zielgruppe sollen nach der Werbekampagne das Produktangebot konkret kennen und der Marke zuordnen können.
  Beispiel: Von einer bekannten Biermarke wird eine Light-Version eingeführt. Die Marke selbst ist bekannt, das neue Angebot nicht.
- Erhöhung der Markenbekanntheit von x% auf y%.
  Hier muss zwischen *spontaner* und *gestützter Markenbekanntheit* unterschieden werden. Die Steigerung der

spontanen Markenbekanntheit ist ungleich schwieriger zu erreichen als die Steigerung der gestützten Markenbekanntheit.

- Verbesserung der spezifischen Markenbekanntheit
  Die Zielgruppe soll nicht nur den Markennamen kennen, sondern auch z.B. den *BENEFIT* (Nutzen; siehe Kap. 3.1.5) oder bestimmte Produktspezifika.
- Schaffung/Erhöhung von Werbebekanntheit (u.a. um eine Werbefigur oder einen *CLAIM* [markenspezifische Werbebehauptung, siehe Kap. 7] langfristig für die Marke zu »besetzen«).
- Bekanntmachung von Produktveränderungen (neuer Geschmack/neues Design/neue Packungsgröße etc.).
- Erzeugung von »Top-of-mind-awareness« (Aktualität – u.a. sehr wichtig bei Spontankauf-Artikeln).
- Etablierung/Penetration (Durchdringung) der Markenwelt (u.a. um eine bestimmte psychologische Markenwelt zu pachten).
- Erzeugung von Probierbereitschaft (bei neuen oder in der Qualität veränderten Produkten).
- Angebotsdurchsetzung (bei speziellen Preisvorteilen oder exklusiven Angeboten, z.B. das Angebot von speziellen Rock'n'Roll-CDs).
- Veränderung von definierten Imagefassetten (z.B. Modernität, Aktualität, Vorzeige-/Ausweisfunktion).

*Nur in Bezug auf Produkte, die von den Kosumenten grundsätzlich akzeptiert werden, lässt sich der Erfolg von Werbung messbar nachweisen*

Ob ein Erreichen der Ziele von Werbung nachgewiesen werden kann, hängt davon ab, ob das infrage stehende Produkt grundsätzlich überhaupt akzeptiert wird. Der Aufbau von Produktakzeptanz im Sinne von »dieses Produkt ist für mich (unabhängig davon, ob ich es kaufen würde) grundsätzlich akzeptabel« ist eines der ungeschriebenen generellen Ziele von Produktkommunikation in etablierten Produktkategorien und bedarf keiner speziellen Zielformulierung.

Etwas anderes ist es, wenn eine gänzlich neue Produktkategorie aufgebaut werden soll und vom Verbraucher eine deutliche Verhaltensänderung verlangt ist; z.B. musste bei der Einführung von Tiefkühlkost oder Fertigbackmischungen im ersten Schritt viel Pionierarbeit zugunsten der Kategorie und der grundsätzlichen Akzeptanz geleistet werden. Für die Hausfrauen waren dies nicht nur neue Produkte, sondern sie bedeuteten auch eine extreme Einstellungs- und Verhaltensänderung.

Darüber hinaus gibt es sehr spezifische, kurzfristig aktuelle Werbeziele, die sich in der Regel auf sehr klar eingegrenzte, oft zeitlich begrenzte Aufgabenstellungen beziehen – z. B. die Einführung und Durchsetzung einer neuen Produktsorte oder die schnelle Bekanntmachung einer Produktverbesserung oder eine anlassbezogene Herausstellung der Marke (z. B. ein Jubiläum).

Der Aufbau, die Veränderung oder die Pflege des Markenimages ist eine grundsätzliche, permanente Gesamtaufgabe der Werbung und aller anderen Marketing-Mix-Faktoren – alle Marketingmaßnahmen lassen sich irgendwann auch in ihrer Wirkung am Image der Marke ablesen, im Positiven wie im Negativen. Auch von daher ist das Zusammenspiel aller Marketing-Mix-Faktoren und der abgestimmte taktische Einsatz der einzelnen Faktoren essenziell für die Erreichung von Marketing- und Werbe- und damit auch für die übergeordneten Imagezielsetzungen.

*Imageveränderung ist ein langwieriger Prozess, der deshalb kaum so global in ein mess- und fassbares Werbeziel fokussierbar ist*

Das Werbeziel beeinflusst die kreative Arbeit in einem hohen Maße. Zum Beispiel wird das Ziel »schneller Aufbau von spontaner Markenbekanntheit« dazu führen, dass eher über kurze TV- und Radiospots nachgedacht wird und im Mediaplan auf eine dichte Einschaltfrequenz geachtet wird.

### 3.1.2 Wie ermitteln Sie eine erreichbare Zielgruppe?

Je exakter die Zielgruppe für die Marke/das Produkt eingegrenzt (sozio-demographisches Profil) und beschrieben (psychographisches Profil) wird, desto treffsicherer kann die Kommunikation oder Werbung konzipiert werden.

Gerade heute im Zeitalter des Informationsüberflusses ist die Zielgruppensegmentation auch angesichts der dicht besetzten Märkte die Voraussetzung für den Erfolg. Nur bei wenigen Produkten bzw. Produktkategorien kann man es sich leisten, ganz global die Gesamtbevölkerung anzusprechen.

David Ogilvy schreibt in seinem Buch »Ogilvy über Werbung« hierzu:

*»Ein neues Produkt mit dem erklärten Ziel, damit einen beherrschenden Marktanteil zu erringen, einzuführen ist heute geradezu prohibitiv teuer geworden. Selbst die finanzkräftigsten und aggressivsten Hersteller halten es für profitabler, neue Marken an genau definierten, kleinen Marktsegmenten zu orientieren.«*

*Auf heutigen Märkten gelingt es in der Regel nicht mehr, neue Produkte breit in den Markt einzuführen, vielmehr starten neue Produkte in relativ eng definierten Marktsegmenten*

Heute breit etablierte Marken wie PERSIL, RAMA, NIVEA oder JACOBS KRÖNUNG neu aufzubauen, wird wahrscheinlich nie mehr möglich sein bzw. nur mit horrenden Marketingausgaben. Die möglichen Gegenbeweise wie z.B. SWATCH oder BENETTON sind Marken in Märkten, die erst in den letzten Jahren den Sprung ins moderne Marketing bzw. in die Massenvermarktung getan haben und von daher andere Voraussetzungen hatten. Es besteht eigentlich kein Zweifel darüber, dass heute der erfolgreiche Weg einer Marke in einem eher eng definierten Marktsegment beginnt und dann im Idealfall irgendwann über die Zielgruppenausweitung zu einer breiter etablierten Marke wird.

*Zielgruppenerweiterungen über »Line Extensions«: Sortimentserweiterungen bereits etablierter Marken*

Der zweite, heute schon fast übertrieben genutzte Weg, ist die Ausweitung der Markenreichweite über Sortimentserweiterungen *(LINE EXTENSIONS)*. Hierbei wird die Zielgruppenausweitung über Produktvarianten unter gleicher Marke gesucht. Gute Beispiele hierfür sind die Marken NIVEA, MARLBORO (mit den Line Extensions LIGHT und MENTHOL), COCA-COLA mit der Line Extension LIGHT und COFFEEINFREI, JACOBS mit seinem heute sehr breit abdeckenden Sortiment von KRÖNUNG über NIGHT & DAY, LIGHT bis zu SWING oder der Line Extension MILKA mit ihren ungezählten lila Produkten. Der wesentliche Punkt bei den meisten erfolgreichen Line Extensions ist darin zu sehen, dass ein zur Marke stimmiger, für eine erweiterte oder alternative Zielgruppe relevanter Nutzen angeboten wird. (Die MARLBORO LIGHT bietet der Zielgruppe der wertesensiblen Raucher das Image der MARLBORO mit akzeptablen niedrigen Werten.) Reine Geschmacksvariationen sind nur bedingt als echte Line Extensions akzeptierbar.

Das Schicksal einer Marke wird von den Intensivverwendern bestimmt – 32 % aller Biertrinker konsumieren 80 % des gesamten Bieres; nur 23 % der Verwender von Abführmitteln stehen für über 80 % des Gesamtverbrauchs und etwa 80 %

des Ginkonsums werden von nur 14 % der Gin-Trinker geleistet (Beispiele aus dem Buch »Ogilvy über Werbung« von David Ogilvy).

Die Bestimmung der Zielgruppe erfolgt über

- SOZIO-DEMOGRAPHISCHE DATEN und über die
- PSYCHOGRAPHISCHE BESCHREIBUNG.

## DIE SOZIO-DEMOGRAPHISCHE BESTIMMUNG DER ZIELGRUPPE

Zur sozio-demographischen Bestimmung der Zielgruppe werden differenzierende Merkmale herangezogen wie z.B.:

- Verwender oder Käufer bzw. Käufer/Verwender
- Geschlecht: Männer/Frauen/Kinder
- Alter
- Haushaltsnettoeinkommen (verfügbares)
- evtl.: Bildung (z.B. Volksschule, Lehre, Studium etc.)
- evtl.: Wohnortgröße (Klein- oder Großstadt, bestimmt nach Einwohnern)
- evtl.: Kinder im Haushalt

Sofern Ihnen keine eigene Marktforschung zu den Verwendern und deren sozio-demographischer Struktur vorliegt, helfen Untersuchungen wie die jährlich neu herausgegebene *VA* (Verbraucheranalyse) sowie diverse Verlagsuntersuchungen (Anschriften siehe Serviceteil). In der VA sind verschiedenste Produktkategorien sowie die führenden Marken der Kategorien erfasst.

*Wenn Sie keine eigene Zielgruppenuntersuchung durchführen wollen, gibt z.B. die Verbraucheranalyse (VA) Aufschluss*

Hier ein Beispiel für derartige Daten:

Käufer von Schnupfenmitteln (in den letzten sechs Monaten)
Fallzahl: 2.780 (Befragte, die o.g. Kriterium entsprechen)

- 56 % Frauen/44 % Männer
- gleichmäßige Verwendung über alle Altersgruppen ab 20 Jahre, Schwerpunkt in der Gruppe der 20- bis 39-Jährigen.
- Bildung: Schwerpunkt bei Volksschule mit Lehre, deutlich unterproportional bei Abitur/Hochschule (Anteil 15 % vs. 40 % bei Volksschule mit Lehre)
- HH-Netto-Einkommen: ab 750,– Euro, Schwerpunkt ab 1.500,– Euro
- 2- bis 4-Personen-Haushalte (74 %)
- deutlich großstädtisch
  (in Städten ab 500.000 Einwohner: 44 %)

*Wie viele Personen kommen überhaupt als potenzielle Käufer eines Produktes in Frage?*

Die entsprechende Hochrechnung auf Basis der Gesamtbevolkerung ab 14 Jahre ergibt eine Zielgruppe für Schnupfenmittel von 11,9 Mio. Personen. Der Blick in die Verbraucheranalyse gibt also einen sehr faktischen Eindruck von der Zielgruppe, die man mit seinem Produkt ansprechen will.

Große Markenartikelunternehmen führen zur genaueren Feststellung ihrer Markenzielgruppen so genannte *A&U-STUDIEN* durch (A = attitude/Einstellung; U = usage/Verwendung). In diesen Studien, die in der Regel in festen Zeitintervallen – alle 2 bis 3 Jahre – durchgeführt werden, werden Einstellungen zu Kategorie und den Produkten/Marken sowie Verwendungsgewohnheiten und -anlässen erhoben. Diese Daten helfen sowohl zur Bestimmung der Zielgruppe und Feinjustierung der Zielgruppenbestimmung als auch zur Kontrolle hinsichtlich der Markenentwicklung bei der Zielgruppe.

### DIE PSYCHOGRAPHISCHE BESCHREIBUNG DER ZIELGRUPPE

*Die psychographische Beschreibung versucht ein plastisches Bild der Zielgruppe zu entwerfen*

Im Rahmen der Copy-Strategie dient die psychographische Beschreibung der Zielgruppe der bildhaften Darstellung der Zielgruppe. Für den Kreativen wird damit die Zielgruppe anfassbarer und konkreter als nur über die harten Daten der sozio-demografischen Beschreibung.

*Sie weist einen Idealtyp aus, bei dessen Bestimmung davon ausgegangen wird, dass es sich um einen Intensivverwender handelt*

Natürlich kann man eine Masse von 11 Mio. Verwendern (wie im o. g. Beispiel) nur sehr schwer auf einen bildhaften Nenner bringen. Deshalb fokussiert man die psychographische Beschreibung auf den Idealtyp, wobei dieser Idealtyp von der Mehrheit der gesamten Zielgruppe als erreichbares Ideal angesehen sein sollte (der Durchschnitt orientiert sich nicht am Durchschnitt, sondern am über dem Durchschnitt Stehenden). Unterstellt man weiterhin, dass der potenzielle Verwender/die potenzielle Verwenderin eine ähnliche oder gleiche Struktur aufweisen, ist es legitim, bei der Beschreibung von einer Verwenderin/einem Verwender auszugehen. In der Regel ist es hilfreich, bei der Bestimmung des Idealtyps das Profil des Intensivverwenders zugrunde zu legen.

Bei der psychographischen Beschreibung der Zielgruppe sind folgende Punkte oder Regeln zu beachten:

- Einfache, klare Sprache,
- so beschreibend, dass eine Person fassbar, begreifbar wird,
- so konkret und bildhaft wie möglich,

- mit Ecken und Kanten, die die Person differenzieren.

Der Inhalt der psychographischen Bestimmung ist eine Personenbeschreibung mit allen Fassetten einer Persönlichkeit – Alter, Ausbildung, Einstellungen, mit auf die jeweilige Kategorie bezogenen Details. Die notwendigen qualitativen Daten lassen sich ebenfalls aus diversen entsprechenden Verlagsuntersuchungen sowie auch aus der VA entnehmen.

Um beim Beispiel der Schnupfenmittelverwender zu bleiben, hier eine mögliche Beschreibung der Verwenderin der Marke X: Frau, ca. 25 Jahre alt, verheiratet und hat ein kleines Kind. Sie wohnt in einer nett eingerichteten Eigentumswohnung in einem Vorort einer Großstadt. Ihr Mann ist Angestellter. Sie achtet auf ihre Gesundheit und die Gesundheit ihrer Familie ohne dies allerdings zu übertreiben. Sie hat alle möglichen, aber keine sehr ausgeprägten Interessen, ihre Familie steht an erster Stelle. Kleine Befindlichkeitsstörungen nimmt sie zwar nicht überwichtig, aber sie unternimmt lieber rechtzeitig etwas, um es nicht ausufern zu lassen. So nimmt sie bei Schnupfen lieber frühzeitig ein gutes Mittel aus der Apotheke.

*Eine konkrete Hilfe: Festlegung eines möglichen Idealtyps (Beispiel)*

Diese Beschreibung sagt dem Kreativen eine ganze Menge – er kann erkennen, dass er keine Superfrau vor sich hat, sondern eine eher sehr normale familienorientierte Hausfrau, die keine Experimente macht.

In manchen Produktkategorien muss deutlich zwischen *KÄUFERN* und *VERWENDERN* unterschieden werden (z. B. bei Kinderprodukten).

*Die Unterscheidung zwischen Käufern und Verwendern führt zwangsläufig zu unterschiedlichen kreativen Lösungen*

Es muss sehr kritisch hinterfragt werden, von wem die entscheidenden Impulse ausgehen – z. B. macht es bei einem Produkt wie BARBIE-Puppen keinen Sinn die Mütter zu überzeugen. Es ist wesentlich Erfolg versprechender, die kleinen Mädchen (die Verwender) zu begeistern.

Die Zielgruppenbeschreibung sollte per Marktforschung bzw. per aller zur Verfügung stehenden Daten überprüft werden – Wissen ist besser als Glauben.

### 3.1.3 Wie können Sie Ihre Mitbewerber am Markt festlegen?

Das generelle Ziel der Werbung ist es, die Präferenz der Zielgruppe für ein Produkt gegenüber den Konkurrenzprodukten zu erkämpfen. Von daher schon ist jede Werbung per Defini-

*Sie müssen sich über die Stellung Ihrer Mitbewerber am Markt im Klaren sein*

tion kompetetiv (im Wettbewerb stehend). Für die Entwicklung effizienter Werbung ist es also zwingend notwendig, den oder die Wettbewerber sehr genau zu identifizieren und deutlich zwischen Marktteilnehmern und Wettbewerbern zu unterscheiden.

*Der Wettbewerb ist die »Quelle des Geschäfts«*

Hierbei sind die Wettbewerber entscheidend, die der eigenen Marke die Präferenz beim Konsumenten streitig machen und in der Folge Marktanteile wegnehmen können, bzw. die Wettbewerber, denen man mit der eigenen Marke Marktanteile abnehmen kann. Aus diesem Grund findet man auch oft statt des Begriffs »Wettbewerb« die Bezeichnung »Source of business« (Quelle des Geschäfts) in der Strategie.

Wenn man z.B. davon ausgeht, dass es in Deutschland ca. 200 verschiedene Zigarettenmarken gibt, dann wird die Notwendigkeit der genauen Wettbewerbsanalyse und der Unterscheidung zwischen Marktteilnehmern und Wettbewerbern dramatisch deutlich. Neben dem Blick auf die Marktanteilsverteilung beinhaltet die Wettbewerbsanalyse eine Reihe von Ansatzpunkten:

*Nehmen Sie eine Wettbewerbsanalyse vor!*

- Welche Marken haben ein ähnliches oder gleiches Angebot an den Konsumenten wie die eigene Marke (Zusammensetzung/Spezifika des Produktes/Nutzen)?
- Welche Marken sind im gleichen Feld positioniert wie die eigene Marke?
- Welche Marken nutzt/kauft der Konsument neben oder anstatt der eigenen Marke (Zweitmarke/Markenrepertoire)?
- Welche anderen Marken sieht der Handel als direkte Konkurrenten zur eigenen Marke bzw. bietet sie in der gleichen Preisschiene an?
- Von welcher Konkurrenzmarke kann man am leichtesten, von welcher am schwierigsten Marktanteile gewinnen und warum?
- Wo hat man in der Vergangenheit sein Wachstum hergeholt – aus Marktwachstum oder von welchen Konkurrenten? Welcher Konkurrent hat zulasten der eigenen Marke Marktanteile gewonnen oder verteidigt?

Je enger und exakter der Kreis der Wettbewerber definiert ist, desto besser kann man diese angreifen oder sich gegen sie schützen. So sollte man sich davor hüten, immer den

Marktführer oder die vor der eigenen Marke liegenden Marken nur wegen ihrer per Marktanteil definierten Position als Wettbewerber zu sehen. Die tatsächlichen Gegner bzw. Wettbewerber definieren sich immer in Bezug zur Einschätzung durch den Konsumenten.

Für die Wettbewerbsanalyse sind Marktforschungsstudien (wie z. B. die schon erwähnte A & U-Studie) und Marktzahlen (A. C. Nielsen / G + I / GfK) ausschlaggebend, nicht die eigene Meinung. Auch für die Definition des Wettbewerbs gilt die Beschränkung auf das Wesentliche und die Fokussierung.

### 3.1.4 Wie finden Sie Ihre Position im Markt?

Der Wert der gesamten Copy-Strategie und der Marketingstrategie steht und fällt mit der für das Produkt/die Marke richtigen Positionierung.

Al Ries und Jack Trout sagen in ihrem Buch »Positionierung« u. a. dazu, was man unter »Positionierung« verstehen soll: *»Positionierung beginnt mit einem Produkt. Einem Stück Ware, einer Dienstleistung, einer Firma, einer Institution oder sogar einer Person. ... Positionierung ist aber nicht das, was man mit dem Produkt tut. Positionierung ist vielmehr das, was man in den Köpfen der Adressaten anstellt. Das heißt, man platziert – man positioniert ein Produkt in den Köpfen der potenziellen Kunden.«*

*Man positioniert ein Produkt in den Köpfen potenzieller Kunden*

Die Positionierung ist am besten mit einer Formel zu vergleichen – sie muss einfach und verständlich sein und dabei aber auch eigenständig. Die Positionierung orientiert sich am Konsumenten (Käufer/Verwender) und misst sich im Wettbewerbsumfeld.

Die Positionierung ist deutlich mehr als nur eine Angebotsbeschreibung. Denn die Angebotsunterschiede resultieren nicht aus der »objektiven Produktrealität«, sondern sind in starkem Maße von der subjektiven Wahrnehmung potenzieller Kunden abhängig. Die Dominanz des Subjektiven für den Erfolg oder Misserfolg der Positionierung wird durch das Beispiel der »längsten Praline der Welt«, Duplo, deutlich. Objektiv ist Duplo ein wohlschmeckender Schokoriegel, per Positionierung in die Pralinen-Kategorie erfährt Duplo eine Aufwertung, die von einer nur subjektiv begründbaren Akzeptanz lebt.

*Die Positionierung ist deutlich mehr als nur eine Angebotsbeschreibung*

*Positionierung der Produkte in Wahrnehmungsräumen*

Die Unterscheidung zwischen objektiv darstellbarer Produktrealität und subjektiver Wahrnehmung führt zu einer Positionierung der Produkte in Wahrnehmungsräumen. Diese Räume orientieren sich an den potenziellen Käufern und Verwendern bzw. werden letztlich durch sie definiert.

Definitorisch ist das marketingstrategische Hauptziel der Arbeit an einer Positionierung, ein marktadäquates, wettbewerbsfähiges Profil für das Leistungsangebot zu erarbeiten, das sich von den Angeboten der Mitbewerber abhebt und diesen vorgezogen wird. Die Positionierung eines Produktes, einer Dienstleistung, einer Marke oder eines Unternehmens vermittelt dabei ein komplexes Bündel an objektiven/subjektiven Wahrnehmungen, Gefühlen und Eindrücken, die Käufer/Verwender von einem Produkt haben bzw. haben sollen. Im Mittelpunkt einer Positionierungsentwicklung stehen dabei die o.g. Wahrnehmungsräume der Kunden, in denen das Produkt eine wichtige Rolle spielen soll.

### WARUM HAT DIE POSITIONIERUNG HEUTE EINE ZENTRALE BEDEUTUNG?

*Das Differenzierungsmerkmal »Preis« stellt nur bedingt eine Option dar, da es letztlich immer zu Preiswettbewerb führt*

So ziemlich alle Märkte oder Marktsegmente sind heute durch Verdrängungswettbewerb gekennzeichnet. Das wesentliche Merkmal von Verdrängungswettbewerb ist ein breites Angebot von zunächst einmal sehr gleichartigen und gleichwertigen Produkten oder Dienstleistungen. Das nahe liegende und von daher häufig angewendete Differenzierungsmerkmal »Preis« stellt für die Anbieter nur bedingt eine Option dar, da dies letztlich immer zu einem Preiswettbewerb und damit für die Mehrzahl der konkurrierenden Unternehmen zu einer Verschlechterung ihrer Wettbewerbsfähigkeit führt.

Um die reine Preisorientierung zu umgehen, ist es deshalb erforderlich, das eigene Angebot stärker von den Wettbewerbern zu differenzieren und – folgerichtig – prägnanter zu positionieren.

## Schritte zur richtigen Positionierung

### BESTIMMUNG DES RELEVANTEN MARKTES

Der erste Schritt besteht in der Bestimmung des relevanten Marktes. Welche Produkte/Dienstleistungen gehören zu einem bzw. bilden einen Markt? Die Bestimmung des relevanten Marktes wird häufig zu schnell sehr technokratisch-pragmatisch erledigt. Denn bereits diese Entscheidung bestimmt, welche Alleinstellung das Produkt oder die Dienstleistung erzielen kann. Wesentlich hierbei ist nicht die Expertenmeinung, sondern die Einschätzung/die Akzeptanz der Konsumenten sowie das sich daraus ergebende Durchsetzungspotenzial. (Welche Chance hat das Produkt, sich in dem ausgewählten Markt/Marktsegment als für die Konsumenten relevantes Angebot zu etablieren und die wirtschaftlichen Erwartungen des Unternehmens zu erfüllen?)

*Nicht der Experte, sondern der Kunde entscheidet darüber, was ein relevanter Markt ist*

Ein (fiktives) Beispiel mag diesen Punkt verdeutlichen: Das Produkt »Cola mit Orangen-Fruchtsaft« kann man banal in das Marktsegment Erfrischungs-Mixgetränke positionieren. Aufgrund des juristisch signifikanten Fruchtsaftanteils inklusive des eventuell vorhandenen Vitamin-C-Gehalts könnte auch eine Positionierung im Marktsegment Fruchtsaftgetränke/gesunde Erfrischungsgetränke erfolgen. Und vielleicht positioniert man das Produkt im Marktsegment der Colas als erste »gesunde« Cola.

Zu beachten: Es ist klar, dass diese Entscheidung auch direkte Auswirkungen auf Aspekte wie z. B. Kommunikation, Produktausstattung, Vertrieb oder die Preisfindung hat.

*Wesentlich: Entscheidend ist der Konsument! Nutzen Sie für diese Entscheidung Marktforschung.*

### Ermittlung des Status quo des Wahrnehmungsraums

Nach der Festlegung des Marktes/Marktsegments geht es um eine Ermittlung des Status quo des Wahrnehmungsraums. Während die Auswahl des Marktes/Marktsegments auf objektiven Fakten beruht, geht es jetzt darum, auch die subjektiven Faktoren einer Bestandsaufnahme zu unterziehen.

*Welche subjektiven Wahrnehmungsräume bestimmen den Markt?*

Wesentlich hierbei ist allein die Sicht der Konsumenten bzw. Kunden. Da dieser Status quo die Ausgangsbasis für die Entwicklung der Positionierung ist, sollten folgende Punkte analysiert werden:

- Welche Marken/Produkte spielen in dem Markt welche Rolle?

- Welche Nutzen/Nutzenbündel treiben den Markt?
- Wie sieht das Idealprodukt in diesem Markt aus und wie stehen die verschiedenen Wettbewerber sowie das eigene Produkt zu diesem Idealprodukt?
- Welche Marketing-Instrumente treiben den Markt (Image/Preis/Kommunikation/Distribution/Aktionen)?

In der Summe geht es letztlich darum, die spezifischen Marktmechanismen zu ermitteln und eine Gewichtung der verschiedenen objektiven und subjektiven Faktoren zu erreichen.

*Das Positionierungs-Kreuz ist eine wirkungsvolle Hilfe beim »Finden« der eigenen Positionierung*

Eine äußerst wirkungsvolle Hilfe bei der Erarbeitung der Positionierung ist das *POSITIONIERUNGS-KREUZ*. Nach Analyse der Hauptkonkurrenten und nach Festlegung der per Analyse ermittelten relevanten Achsen-Merkmale trägt man alle Marken in diesen »Markt« ein. Man sieht (so man alles richtig macht) sofort, welche Positionierungsfelder besetzt, überbesetzt oder kaum besetzt sind.

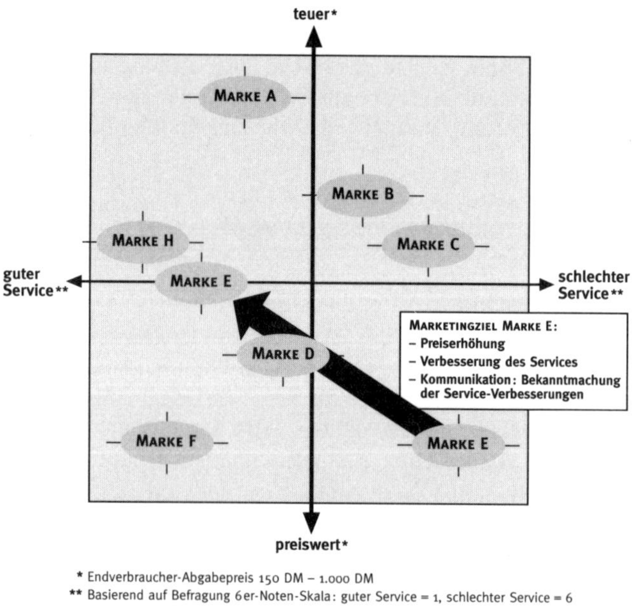


*Positionierungs-Kreuz*

## Festlegung der (Soll-)Positionierung

Im dritten, maßgebenden Schritt geht es um die Entscheidung, welche Positionierung des eigenen Produktes in Zukunft Erfolg versprechend ist. Es handelt sich hierbei de facto um eine Soll-Positionierung, die eine Zielsetzung definiert, die dann durch geeignete Marketingmittel und -maßnahmen erreicht werden soll. Im Falle eines neuen Produktes geht es um die Neuentwicklung einer Positionierung; im Falle von bereits im Markt befindlichen Produkten geht es um das Verändern oder Optimieren sowie das Neuausrichten einer vorhandenen Positionierung.

*Welche Positionierung des eigenen Produktes ist in Zukunft Erfolg versprechend?*

Grundsatz: Die Positionierung spiegelt am Ende die von den Konsumenten/Kunden wahrgenommene Attraktivität des Preis-Leistungs-Verhältnis wider, wobei die Produktleistung eine Bündelung aus objektiv und subjektiv wahrgenommenen Leistungen/Nutzen ist.

Die Möglichkeiten sich von den Wettbewerbern zu differenzieren, sind in jeder Branche anders. Die Erhöhung der Attraktivität kann auf den Produkteigenschaften selbst, dem Liefer- und Servicesystem, dem eingesetzten Marketinginstrumentarium und einer Reihe weiterer Faktoren beruhen.

Wie unterschiedlich, das deuten vielleicht folgende Beispiele an: BMW im PKW-Markt unter anderem durch das sportliche Image, Dell bei Personal Computern durch den konsequent genutzten Distributionsweg »Internet« oder Calgon durch die Kombination von Reinigungsleistung und Verkalkungsschutz.

Um die wahrnehmbare Attraktivität des Preis-Leistungs-Verhältnisses zu verbessern und dies primär durch ein Mehr an objektiven und/oder subjektiven Kundennutzen zu erreichen, stehen unterschiedliche Gestaltungs-/Einflussebenen zur Disposition.

Im Idealfall stellen die vorhandenen Leistungs-/Nutzenmerkmale des Produktes bereits eine positive Alleinstellung gegenüber den Wettbewerbsprodukten dar.

*Leistungsversprechen mit Alleinstellungsanspruch: Unique Selling Proposition (USP)*

Dies resultiert dann in einem Leistungsversprechen mit Alleinstellungsanspruch, das zumeist mit dem Begriff *Unique Selling Proposition* (USP) belegt wird. Beispiele für USPs sind die weltweite 24-Stunden-Zustellgarantie von UPS, der bewegliche Griff oder die besondere Anordnung der Borsten bei den Dr. Best Zahnbürsten, die Kraft des Ginkgo-Baums in Craton oder die gesammelten Heilkräfte der Natur in Klosterfrau.

*Dauerhafte Wettbewerbsvorteile lassen sich nur schwer positionieren*

Diese Beispiele lassen sich beliebig fortsetzen. Deutlich wird hier aber auch, dass sich aufgrund der zunehmenden Wettbewerbsintensität und des technologischen Wandels in der Regel hieraus keine dauerhaften Wettbewerbsvorteile für die Unternehmen garantieren lassen. Das Beispiel Gore-Tex mit der atmungsaktiven und gleichzeitig wasserabweisenden Freizeitkleidung verdeutlicht dies. Andere Marken haben den technischen Vorsprung von Gore-Tex aufgeholt bzw. es gelingt ihnen, den Konsumenten dies zu verkaufen.

Zur Verteidigung des temporären, nutzenbezogenen Wettbewerbsvorsprungs sind kontinuierliche Aufwendungen für Forschung und Entwicklung notwendig, mit der Zielsetzung, immer einen Schritt vor der Konkurrenz zu bleiben. Ein hierfür gutes Beispiel ist sicherlich die Windelmarke Pampers. Für das herstellende Unternehmen Proctor & Gamble ist die kontinuierliche Forschungs- und Entwicklungsaktivität ein Motor für das Marketing.

*Große Unternehmen besetzen bekannte Nutzenfelder mit Produkten*

Während bei kleineren Unternehmen am Anfang das Produkt selbst steht und dann die richtige Positionierung gesucht wird, drehen die großen Markenartikelunternehmen den Prozess bewusst um. Basierend auf dem Wissen um Konsumentenbedürfnisse und die Wettbewerbsstruktur werden Nutzenfelder mit Produkten besetzt. Das Beispiel der Waschmittelmarken-Palette von Procter & Gamble zeigt, dass der generische Nutzen von Waschmitteln (Reinigung der Kleidung) als Basis jeder einzelnen Marke zwar unverzichtbar ist, aber sehr spezielle Konsumentenbedürfnisse durch spezielle zusätzliche Nutzen bzw. durch die Fokussierung der Positionierung auf spezielle Bedürfnisse abgedeckt werden.

So ist z. B. Tide als die Marke positioniert, die besonders hartnäckigen Schmutz, wie er bei Kindern an der Tagesordnung ist, zuverlässig beseitigt. Tide ist das ideale Familien-Waschmittel *(»Tide in, dirt out!«)*. Dagegen ist die Marke Cheer als Waschmittel positioniert, das bei allen Wassertemperaturen toll sauber wäscht *(»It's all tempa – Cheer«)*.

Das hierbei natürlich auch Punkte wie die Ausnutzung von F & E (Forschung und Entwicklung) bzw. generell Produktions- und Vertriebskapazitäten eine Rolle spielen, liegt auf der Hand. Weitere Beispiele für die konsequente Besetzung von Positionierungsfeldern sind sicherlich Firmen wie UNILEVER, L'OREAL, MARS, HENKEL, FERRERO, JACOBS, KRAFT oder im technischen Bereich Unternehmen wie IBM, DELL oder HP.

Da die Wahrnehmung des Kunden den Maßstab für die erfolgreiche Positionierung darstellt, liegt eine Durchsetzung erst dann vor, wenn das Produkt/die Marke von den potenziellen Kunden im Sinne der Positionierung wahrgenommen und gegenüber den Wettbewerbern präferiert wird.

*Die Wahrnehmung des Kunden stellt den Maßstab für die erfolgreiche Positionierung dar*

Eine wesentliche Rolle spielt heute der Ansatz der Produktvariation (hierbei wird das Nutzenbündel, das ein Produkt auszeichnet, bewusst verändert bzw. variiert). Ein sehr dramatisches Beispiel ist hierfür der Handy-Markt. Der Markt bezieht seine gesamte Dynamik aus der fließenden Variation und Fortentwicklung der Produkte. Der Grundnutzen, das mobile Telefonieren, ist heute eingebunden in eine Vielzahl von Nutzen. Entsprechend bieten sich den Herstellern auch verschiedene Positionierungsfelder.

Für die Entwicklung der Positionierung in dicht besetzten Märkten wird der Blick für alle einbeziehbaren Fassetten immer wichtiger. Aus Sicht des Konsumenten geht es nicht nur um die eigentliche Produktfunktion und -leistung, sondern Aspekte wie z. B. Ausstattungsmerkmale, Komfort, Haltbarkeit, Wartungsfreundlichkeit, Service und Zuverlässigkeit können zu Wettbewerbsvorteilen werden.

*Aspekte wie Ausstattungsmerkmale, Komfort, Haltbarkeit, Wartungsfreundlichkeit, Service und Zuverlässigkeit werden bedeutsamer*

Ein Beispiel verdeutlicht dies: SWATCH hat sich über das Produktdesign sowie über ein im sehr konservativen Uhrenmarkt geradezu revolutiomäres Marketing differenziert. Die Positionierung der SWATCH als Lebensstilsymbol hat der Marke eine Alleinstellung gegeben und gleichzeitig – sozusagen als Randerscheinung – dem gesamten Uhrenmarkt eine neue Dynamik verpasst. Das Beispiel SWATCH verdeutlicht auch das stetig zunehmende Gewicht der emotionalen Positionierungs-Komponenten. Dem liegt die Erkenntnis zugrunde, dass Produkte nicht nur einen Gebrauchsnutzen besitzen (funktionale Qualität), sondern auch mit emotionalen Bedeutungsinhalten (sinnliche Qualität) aufgeladen sind oder

*Produkte sind mit emotionalen Bedeutungsinhalten aufgeladen*

werden können. Die Gründe hierfür sind auf zunehmende Produktähnlichkeiten auf der funktionalen Ebene sowie die bei vielen Bevölkerungsgruppen zu verzeichnende Erlebnis- und Genuss- sowie Selbstdarstellungsorientierung zurückzuführen.

*eine fehlende bzw. unzureichende Unique Selling Proposition durch eine Unique Communication Proposition ergänzen oder ersetzen*

Entsprechend liegt in diesen Fällen das Positionierungsziel darin, die fehlende bzw. unzureichende *Unique Selling Proposition* durch eine *Unique Communication Proposition* zu ergänzen oder zu ersetzen, um dadurch eine wahrnehmbare Differenzierung und einen Wettbewerbsvorteil zu erreichen.

Die einer solchen Positionierung zugrunde liegende Mechanik basiert auf der emotionalen Konditionierung. Hierbei wird ein zunächst neutraler Reiz (Produkt) mit einem emotionalen Reiz (emotionaler Erlebniswert) verbunden. Es findet dabei eine emotionale Konditionierung statt, die über assoziative Vorgänge eine Beziehung zwischen Produkt und emotionalem Reiz herstellt. Die verbalen oder bildlichen Symbole in der Produktpräsentation und der Kommunikation wie etwa Markenname, Markenzeichen, Farbigkeit, Design und Produktabbildung werden somit emotional aufgeladen. Das Produkt erhält über den sachlich-funktionalen Nutzen hinaus eine emotionale Bedeutung, die zu einer psychologischen Produktdifferenzierung führt.

Als fast schon klassisches Beispiel für eine erfolgreiche Umsetzung einer Erlebniswert-Positionierung gilt die Werbekampagne der Volks- und Raiffeisenbanken. Mit dem Claim *»Wir machen den Weg frei«* und dem strategischen Schlüsselbild vom freien Weg werden die an sich austauschbaren Finanzdienstleistungsangebote der Volks- und Raiffeisenbanken in eine emotionale Ebene gehoben.

*Avis machte ein Problem zur Positionierung*

Ein weiteres, ebenfalls schon klassisches Beispiel ist die verständliche, kompetetive, für den Verbraucher äußerst relevante und dabei sehr »spitze« Positionierung, die Avis in einer schwierigen Phase wählte.

Avis wählte den direkten, sehr emotionalen Weg:

*»Avis steht nur auf Platz 2 unter den Mietwagen.*
*Warum also mit Avis fahren? Wir geben uns mehr Mühe!«*

Die daraus entstandene Werbekampagne mit dem berühmten Slogan *»We try harder.«* erbrachte nach Jahren mit Verlusten wieder Gewinne. Auch in diesem Fall wurde der Weg der psychologisch und emotional aufgeladenen Positionierung gewählt.

*Eine Positionierung in verbrauchernaher Sprache hilft die Positionierung auf die Bedürfnisse der Konsumenten zu fokussieren*

Natürlich gibt es unterschiedlichste Arten die Positionierung zu Papier zu bringen – von der sehr »technischen« Formulierung in Marketingsprache bis hin zur sehr greifbaren Formulierung des *DESIRED CONSUMER RESPONSE* (intendierte Konsumenten Reaktion). Zu empfehlen ist immer die verbrauchernahe Sprache, weil sie hilft, die Positionierung zu fokussieren und für die Kreativen eindeutig zu machen. Dagegen führt die Marketingsprache häufig zu einer Verklausulierung, die jedem seine eigenen Interpretationen gestattet.

Schon am AVIS-Beispiel ist leicht nachzuvollziehen, dass es für die erfolgreiche Durchsetzung der Positionierung zwingend notwendig ist, dass nicht nur die Werbung, sondern alle an den Konsumenten gehenden Maßnahmen sich der Positionierung unterordnen sollten (vom Produkt bis hin zu Verkaufsförderung oder PR).

### 3.1.5 Was verspricht Ihre Werbung dem Kunden?

David Ogilvy schreibt in seinem Buch »Über Werbung«: *»Das Versprechen, das große Versprechen, ist die Seele der Werbung.«*

*Das Versprechen – der Benefit – ist die Seele der Marke*

Man kann dies durchaus erweitern und sagen, dass das Versprechen *(BENEFIT)* auch die Seele des Produktes ist. Denn der Konsument kauft den versprochenen Nutzen, nicht das Produkt – er kauft Schönheit oder reine, immer junge Haut, nicht das »ordinäre« Stück Seife.

Während die Positionierung festhält, wie die Zielgruppe die Marke insgesamt im Kopf haben soll, ist das Versprechen bzw. der versprochene Nutzen die Verdichtung der Positionierung auf den Hauptvorteil der Marke.

*Voraussetzungen, die ein Versprechen erfüllen muss*

Für ein wirksames, großes Versprechen gibt es ein paar Voraussetzungen, die es erfüllen muss:

- Das Versprechen muss relevant sein für die Zielgruppe, um überhaupt auf Resonanz zu treffen.
- Das Versprechen sollte einzigartig *(UNIQUE)* im Wettbewerbsfeld ein.

- Das Versprechen muss glaubwürdig sein; man muss es dem Produkt oder der Marke auch »abnehmen«.
- Das Versprechen sollte aus dem Produkt heraus kommen und sollte nicht künstlich aufgesetzt sein.

*Das Produkt muss im Ge-/Verbrauch halten, was es per Werbung versprochen hat*

Das heißt zusammengefasst, das Produkt muss im Ge-/Verbrauch halten, was es per Werbung versprochen hat. Selbst bei einem psychologischen Nutzen braucht der Verbraucher die Beziehung oder Verbindung zu dem rationalen Nutzen des Produktes zur Rechtfertigung des Kaufs (wer begründet schon gerne das Rauchen der Marlboro mit dem Geschmack von Freiheit und Abenteuer?).

*Ein klares großes Versprechen ist immer besser als eine Anzahl kleiner Versprechen*

Oft ist die Versuchung groß, jede kleine Produktleistung in das Versprechen zu integrieren. Dabei kann man jedoch sehr schnell die Leistungen wegsortieren, die der Konsument in jedem Fall von einem Produkt in der jeweiligen Kategorie erwartet (... dass die Seife reinigt oder das Auto fährt oder die Uhr die Zeit anzeigt, sind generische Nutzen). Wesentlich ist die Suche nach dem einen, differenzierenden und attraktiven Versprechen.

*Differenzieren Sie zwischen rationalen und psychologischen Versprechen*

In manchen Fällen ist es durchaus hilfreich und zulässig, zwischen dem rationalen Produktversprechen und einem psychologischen Versprechen zu unterscheiden – wobei das rationale Produktversprechen schon deshalb unverzichtbar ist, weil es eindeutiger greifbar und nachvollziehbar ist. Oft wird das psychologische Versprechen auch als »Consumer-End-Benefit« bezeichnet.

Zum Beispiel enthält das Versprechen »MIT WASA KNÄCKEBROT BLEIBT MAN SCHLANK« sowohl rationale als auch psychologische Dimensionen. Die hier vielleicht vermisste Dimension »Geschmack« muss per Produkt sowie auch per Darstellung des Produktes transportiert werden und würde bei Einbeziehung in die Formulierung des Versprechens eher zu einem Verlust an Fokussierung führen.

Professor Theodore Levitt fasst die Wichtigkeit des Versprechens so zusammen:

*»Ein Produkt ist mehr als ein Gegenstand ... Aus der Perspektive des Käufers ist es ein Versprechen, ein Bündel von Wertvorstellungen, bei denen die immateriellen Faktoren eine genauso wichtige Rolle spielen wie die materiellen.«*

Ein weiteres Beispiel verdeutlicht die Notwendigkeit von Kreativität bei der Entwicklung des Versprechens: Das Katzenfertigfutter KITEKAT bietet rational gesehen die vollwertige, gesunde Ernährung der Katze. Das Versprechen könnte sich allein darauf konzentrieren und wäre damit nur in Maßen differenzierend, da dies eigentlich von allen Katzenfertigfutter-Marken erwartet wird. Die Werbekampagne von KITEKAT zeigt den kreativen Weg. Der Claim der Kampagne ist gleichzeitig ein großes Versprechen: »KITEKAT. IST DIE KATZE GESUND, FREUT SICH DER MENSCH.«. Hierin enthalten ist das Versprechen, dass KITEKAT für die richtige Ernährung der Katze sorgt. Gleichzeitig fokussiert dieses Versprechen auf das Basisbedürfnis des Katzenhalters nach einer gesunden Katze, an der er seine Freude hat.

### 3.1.6 Wie wird Ihr Werbeversprechen begründet?

*Die Begründung Ihres Werbeversprechens sollte nur Fakten enthalten*

Ob das Versprechen echt oder vage ist, erkennt man sehr schnell an der Begründung. Die Begründung (oder der *REASON WHY*) enthält nur Fakten – Fakten zum Produkt, zur Psychologie, zur Marke, zur Historie etc., aber nur die Fakten, die für die Begründung des Versprechens sinnvoll und notwendig sind (andernfalls müsste man hier oft ganze Bücher schreiben).

Für die Entwicklung der Kommunikation oder Werbung ist die Positionierung und das Versprechen maßgebend, die Begründung liefert dem Kreativen Argumente und vor allem Sicherheit. Ob Punkte aus der Begründung später in der Werbekampagne in irgendeiner Form auftauchen, ist nicht zwingend (... eine Kampagne für die Seife X wird sicherlich nicht besser, wenn über die einzelnen Duftbestandteile oder über die gar nicht so attraktive Art des Herstellungsprozesses gesprochen wird).

Oft findet man über die genaue Analyse des Herstellungsprozesses oder der Zusammensetzung des Produktes den Ansatz für den differenzierenden Benefit (Nutzen). Und manchmal ist es die Begründung, die dafür sorgt, dass ein Versprechen an Gewicht gewinnt und überzeugt. So mag es differenzierend sein, dass der Kaffee XYZ besonders mild im Geschmack ist, aber erst durch die Begründung »WEIL DIE BOHNEN BESONDERS LANGSAM UND SCHONEND GERÖSTET WERDEN« gewinnt das Versprechen an Überzeugungskraft.

Auch bei der Begründung gilt, dass in der Beschränkung auf das Wesentliche die Stärke liegt.

### 3.1.7 Wie ist Ihre Kommunikation grundsätzlich ausgerichtet?

In diesem Punkt der Copy-Strategie wird die Ausrichtung, die Diktion der Kommunikation, aber nicht die Umsetzung festgelegt.

*Wie wollen Sie in Ihrer Werbung grundsätzlich auftreten – ernst, humorvoll oder jugendlich?*

Diese Ausrichtung bestimmt nur die grundsätzliche Ausprägung – ob sehr rational oder sehr emotional, ob man das Produkt selbst zum Helden machen soll oder ob es primär um eine sehr kompetetive Umsetzung geht, ob man den rationalen *PRODUKTBENEFIT*(-Nutzen) oder eher die psychologischen Dimensionen herausstellt. Die Tonalität z.B. der MARLBORO Werbung ist sicher eher betont männlich und basiert auf der idealisierten Dramatisierung von »FREIHEIT UND ABENTEUER« – die Produkbenefits wie starker Geschmack oder einzigartige Tabakmischung stehen nicht zur Diskussion und sollen in umgesetzter Form kommuniziert werden (wer zweifelt schon daran, dass in der Welt des Cowboys eine Zigarette stark schmecken muss?).

Die Tonalität ist ein einschränkender Passus in der Strategie, der auf dem Wissen um die Marke, den Markt und die Zielgruppe basiert und der in erster Linie helfen soll eine möglichst effektiv wirkende Umsetzung zu finden.

Allgemeinplätze wie »glaubwürdig«, »attraktiv« »sympathisch« oder »auffallend« haben in der Tonalität nichts zu suchen. Dies sind generische Eigenschaften und Anforderungen jeder Werbung; zum anderen würde man auch das jeweilige Gegenteil niemals in die Tonalität schreiben.

Den Passus Tonalität kann man auch offen lassen und damit den Kreativen alle Freiräume geben (empfiehlt sich nur, wenn man ein ganz neues Produkt hat und sich noch nicht klar über alle Ausprägungen der Markenpersönlichkeit ist).

### 3.1.8 Welche notwendigen Einschränkungen müssen bei der Entwicklung einer Kampagne beachtet werden?

Die Copy-Strategie als Arbeitsgrundlage der Kreativen muss natürlich auch auf grundlegende Restriktionen hinweisen um teure Fehlentwicklungen zu vermeiden. Man unterscheidet zwischen juristischen Restriktionen und Restriktionen, die vom Unternehmen bestimmt sind.

So gehört in die Copy-Strategie für eine Zigarettenmarke der Hinweis auf den vorgeschriebenen Warnhinweis sowie auf die diversen Selbstbeschränkungen bzw. gesetzlichen Beschränkungen. Welcher Kreative, der nie für eine Zigarette gearbeitet hat, weiß schon, dass man im Zigarettenbereich in Illustrierten keine Doppelseiten schalten darf und dass in der normalen Tageszeitung nur halbe Seiten erlaubt sind? Und z.B. im Bereich der apothekenpflichtigen Produkte gibt es den berühmten Hinweis auf Arzt und Apotheker, der in jedem Werbeauftritt enthalten sein muss und der zum Beispiel Funkspots in dieser Kategorie sehr schwierig machen kann.

*Bestimmte Hinweise oder Einschränkungen sind gesetzlich vorgeschrieben, andere gehören zur Unternehmenspolitik*

Von der Seite der Unternehmen gibt es Kommentare und Restriktionen, die sich in Bereichen wie Corporate Design (bestimmte Schriften und Markenlogos), Vorschriften hinsichtlich der Nutzung von bestimmten Sorten oder Packungsgrößen und Ähnlichem bewegen.

Wesentlich in diesem Punkt: Die Beschränkung auf die wirklich notwendigen Restriktionen ist die wahre Kunst. Und auf der anderen Seite muss klar sein, dass das Vergessen von unverrückbaren Restriktionen viel Geld kosten kann (... die Entwicklung der wunderbaren Doppelseitenkampagne für die Zigarette, die im Mülleimer verschwinden muss, nur weil man vergessen hat dem kreativen Team den entsprechenden Hinweis zu geben).

## ZUSAMMENGEFASST: WAS MAN BEI DER ERARBEITUNG UND DISKUSSION DER COPY-STRATEGIE BEACHTEN SOLLTE.

1. Komplizierte und lange Strategien sind selten ein Zeichen von Gründlichkeit, sondern in der Regel ein Indiz dafür, dass Chancen und Probleme nicht tief genug analysiert wurden. Schon deshalb sollte man sich daran halten, die Copy-Strategie auf einer DIN-A4-Seite darzustellen.

*Für die Darstellung einer Copy Strategie sollte eine DIN-A4-Seite genügen*

2. Der Weg zu prägnanten Strategien führt über Überarbeitungen und kritische Diskussionen. Eine Strategie soll langfristig Bestand haben, sie soll das Schicksal der Marke bestimmen und lenken – schon deshalb hat jedes Wort und jedes Komma Bedeutung.

3. Wesentlich sind die Inhalte der Strategie und nicht die gepflegte Ausdrucksform. Termini aus dem Vokabular des Marketingtheoretikers sind genauso unangebracht wie blumige Poesie.

*Die Strategie sollte verständlich und eindeutig sein – das allein zählt*

4. Die Strategie sollte vor dem Beginn der kreativen Arbeit fertig und mit allen Beteiligten abgestimmt sein. Ohne eine abgestimmte Strategie wird die kreative Arbeit eventuell zu einem teuren und frustrierenden Vabanquespiel.

5. Bei unterschiedlichen Strategieformaten (unterschiedlichem formalen und inhaltlichen Aufbau der Strategie) zwischen Agentur und Kunde gibt es die Pflicht zur Einigung auf ein Format – nichts ist schlimmer, als wenn bei der Diskussion von kreativen Umsetzungen plötzlich unterschiedliche Messlatten angewendet werden.

6. Die Strategie ist nach der Verabschiedung kein Objekt mehr für Grundsatzdiskussionen. Schwierigkeiten bei der kreativen Arbeit dürfen nicht durch Änderungen an der Copy-Strategie gelöst werden (... es sei denn, die Strategie weist klare Fehler auf).

7. Das Erarbeiten und Schreiben einer Copy-Strategie kann man nicht beliebig delegieren. Die Strategie liegt in der unmittelbaren Verantwortung der Produktverantwortlichen (in der Regel der Produktmanager) und deren Pendants auf Agenturseite (Berater/Kontakter).

*Die Copy-Strategie ist die zentrale Briefingunterlage für die Entwicklung von Werbekampagnen, sie ersetzt aber nicht das professionelle Briefing mit allen notwendigen Informationen über Produkt, Marke, Unternehmen und die Marketing-Strategie*

8. Eine gute Strategie kann man immer im Detail begründen. Wie und warum man zu der Strategie gekommen ist und welche Gründe dafür oder auch dagegen sprechen, fasst man in einem Begleitpapier zusammen.

9. Es ist ein Irrtum zu glauben, dass man nur für große Marken eine Copy-Strategie haben sollte. Gerade bei kleinen Marken und für die Kommunikation von kleinen Unternehmen empfiehlt sich die Erarbeitung einer fokussierten Copy-Strategie. Denn je weniger Geld zur Verfügung steht, desto effektiver muss jede einzelne Kommunikationsmaßnahme sein und desto wichtiger ist es, alle Maßnahmen konsequent in eine Richtung zu lenken.

# 4 Der kreative Entwicklungsprozess von Werbung

Nach der Verabschiedung der Copy-Strategie beginnt der eigentliche kreative Entwicklungsprozess. Gleichgültig, für welches Produkt, welche Marke oder welches Unternehmen die Werbung entwickelt werden muss, es ist ein Prozess, der immer wieder herausfordert und oft überraschende Wendungen erfährt. Denn der kreative Prozess wird nur durch die beteiligten Menschen und deren Umgehen miteinander und mit dem Projekt geprägt. Das wirklich Spannende an diesem Entstehungsprozess ist, dass bei allen strategischen und rationalen Vorgaben immer eine hohe Chance da ist, dass das Ergebnis überraschend ist.

## 4.1 ... und wer macht was?

Die besten Werbekampagnen entstehen im guten Zusammenspiel zwischen allen Beteiligten, wobei unter Zusammenspiel zum einen Teamwork und zum anderen die Beachtung von Abläufen und Spezialistentum verstanden werden sollte.

In der Werbeagentur sind u.a. folgende Professionen im Rahmen des Entwicklungsprozesses eingebunden:

### Der Kontakter

*Der Kontakter ist die verbindende Instanz zwischen Auftraggeber und Agentur*

Der Kontakter oder genauer der Berater ist die verbindende Instanz zwischen Werbungtreibenden/Auftraggeber und Agentur. Er ist für die strategische Beratung des Kunden zuständig und gleichzeitig der Verantwortliche für die Marke innerhalb der Agentur. In der Regel hat der Berater eine betriebswirtschaftliche Ausbildung (z.B. Hochschulstudium mit Abschluss Dipl.-Kaufmann) mit Schwerpunkt Marketing. Häufig wird der Kontakter auch als eine Art »Vermittler« zwischen den Kreativen in der Agentur und dem Kunden angesehen. Dies ist eine falsche und für alle Seiten verhängnisvolle Positionsbeschreibung. Der Kontakter/Berater ist in erster Linie der von ihm betreuten Marke verpflichtet und er muss dafür sorgen, dass diese Marke innerhalb der Agentur die beste Betreuung bekommt. Gegenüber dem Kunden der

Agentur ist er der beratende Verkäufer – er muss den Kunden von den Leistungen der Agentur überzeugen und letztlich auch die Werbekampagne verkaufen.

### Der Planer

*Planning* ist seit wenigen Jahren zumindest in den größeren, internationalen Agenturen eine feste Größe. Der Planer übernimmt die gesamte Analyse und ist verantwortlich für die Auslotung von strategischen Optionen. In manchen Organisationen wird er auch als eine Art Anwalt des Konsumenten angesehen; d.h., er sorgt dafür, dass der Konsument und seine Bedürfnisse gebührend in die Entwicklung von Werbung einbezogen werden. Der Planer kommt meist aus dem Marktforschungsbereich und hat häufig ein Psychologie- oder Soziologiestudium hinter sich.

### Der Innenkontakter

Der Innenkontakter (oder Traffic-Mitarbeiter) ist für die interne Prozesssteuerung zuständig und sorgt dafür, dass Termine eingehalten werden und alle Beteiligten immer auf dem neuesten Stand der Information sind.

### Der Kreativ-Direktor

*Der Kreativ-Direktor ist für die Entwicklung der Kampagne verantwortlich*

Er ist die für die Kampagnenentwicklung verantwortliche Instanz. Als Kreativ-Direktor führt er eine oder mehrere kreative Gruppen (bestehend aus Textern und Art-Direktoren) und hat meist einige Jahre Erfahrung als Texter oder Art-Direktor (Grafiker).

### Der Texter

Er entwickelt gemeinsam mit »seinem« Art-Direktor und unter Führung seines Kreativ-Direktors Konzeptionen, Ideen und Kampagnen. Natürlich muss er am Ende auch die Texte schreiben. Von der Ausbildung her kommen Texter aus allen nur denkbaren Bereichen – in der Regel haben sie ein Studium hinter sich.

### Der Art-Direktor

Er ist Partner eines Texters und für die grafische/bildbezogene Konzeption und Umsetzung verantwortlich. Der Art-Direktor hat ein Grafikstudium hinter sich.

DER FFF-PRODUCER

Er berät das kreative Team bei der Entwicklung von TV- und Kino- sowie Radiospots und ist für die Produktion dieser Spots verantwortlich. FFF steht für Film, Funk und Fernsehen.

DER ART-BUYER

Die Art-Buying-Abteilung ist für den Einkauf bzw. die Verpflichtung von externen Spezialisten wie Fotografen, Illustratoren oder Modellen sowie das Besorgen von Bildern und Requisiten verantwortlich.

Der Entwicklungsprozess einer Werbekampagne unterscheidet sich kaum von Agentur zu Agentur – in manchen Agenturen hat die Beratung einen größeren, in manchen Agenturen kaum Einfluss auf die kreative Kampagnenentwicklung. Mehr und mehr kommt man allerdings in vielen Agenturen zu dem Arbeitsprinzip des »Runden Tischs«; d.h., das gesamte Team (also auch Berater/Kontakter) sitzt so lange zusammen, bis ein oder mehrere valide Konzepte auf dem Tisch liegen. Dieses Arbeitsprinzip fordert natürlich von jedem Beteiligten die Fähigkeit zur konstruktiven Diskussion und zum Konsens.

## 4.2 ... und was ist zuerst da – die Idee oder das Konzept?

Natürlich – am Anfang steht das Konzept oder vielleicht doch eine Idee? Ehrlich gesagt ist diese Frage wenig hilfreich und in den meisten Fällen nur sehr theoretisch beantwortbar. Man kann sicherlich zwei Punkte festhalten:

- Ein Konzept ohne tragende Idee scheitert.
- Eine Idee, die nicht in ein tragfähiges Konzept mündet, ist wenig wert.

Hieraus folgt: Das Konzept ist mehr als eine Idee und mit hoher Wahrscheinlichkeit beginnt alles damit, dass man eine Idee findet.

*Konzept und Idee bedingen sich gegenseitig*

*DAS KONZEPT STELLT DAS TRAGENDE GERÜST EINER WERBEKAMPAGNE DAR. DER DREH- UND ANGELPUNKT DIESES GERÜSTS IST IDEALERWEISE EINE STARKE, EINZIGARTIGE IDEE.*

Die Kunst besteht darin, das Konzept ganz hart einzugrenzen und es in wenigen Zeilen zu formulieren. Eine gute Idee und ein rundes Konzept erkennt man daran, dass vielfältige Möglichkeiten der Umsetzung in TV-Spots, Radiospots oder Anzeigen und Plakaten bestehen.

Nachfolgend ein paar Beispiele, die dies vielleicht verdeutlichen:

*BEISPIEL TOYOTA:*

| | |
|---|---|
| Das Konzept: | Reale Tiere agieren per aufsynchronisierter Sprache wie Menschen und sorgen so per Situationskomik für eine im Automarkt ungewöhnliche Dramatisierung bzw. Kommunikation der Produktbenefits. |
| Die Idee: | Sprechende Tiere, die klischeehafte »menschliche« Situationen darstellen. |
| Die Umsetzung: | Viele verschiedene TV-Spots. |

*BEISPIEL MCDONALD'S:*

| | |
|---|---|
| Das Konzept: | Für das Produkt CHICKEN MCNUGGETS steht ein *CONTINUING-CHARACTER* (feste, immer wiederkehrende Figur – Frau Bratbecker), der immer wieder am Telefon mit dem Gackern eines Huhns traktiert wird. |
| Die Idee: | Ein gackerndes Huhn »terrorisiert« einen Menschen am Telefon. |
| Die Umsetzung: | Viele verschiedene Radiospots mit Frau Bratbecker und dem Huhn. |

*BEISPIEL SCHOTT GLAS:*

| | |
|---|---|
| Das Konzept: | Die Natur liefert überzeugende Beispiele von Problemlösungen, die sich bei Produkten von SCHOTT-GLAS wiederfinden. |
| Die Idee: | Natur-Analogien |
| Die Umsetzung: | Eine Printkampagne mit vielen ungewöhnlichen Motiven. |

*Ausgehend von einer starken Idee lassen sich in der Regel verschiedenste Konzepte entwickeln und realisieren*

Ausgehend von einer starken Idee lassen sich in der Regel verschiedenste Konzepte entwickeln und realisieren. Nehmen Sie als Beispiel MCDONALD'S. Statt des »Frau Bratbecker«-Konzepts hätte man auch ein Konzept mit Thomas

Gottschalk entwickeln können (Thomas Gottschalk, das Telefon klingelt und das gackernde Huhn bringt den Showmaster aus dem Konzept) oder ein reines Promotionkonzept (... Jetzt anrufen und wenn das Huhn gackert, haben Sie gewonnen) realisieren können.

Das Konzept definiert den Grundrahmen, nicht die Umsetzung in TV-Spots oder Anzeigen. Aus dem Konzept ist in der Regel bereits das *FORMAT* (siehe Kap. 4.4) erkennbar, aber es bleiben alle Optionen der Gestaltung offen.

*Das Konzept definiert den Grundrahmen und nicht die Umsetzung*

Erst wenn das Konzept steht, beginnt man mit der Detailentwicklung, mit dem Anfertigen von Layouts, dem Schreiben von Headlines oder der Entwicklung von Spots in Form von Treatments (verbale Darstellung der Spothandlung).

VORSICHT FALLE: Bei erfahrenen Kreativen kann man häufig erleben, dass diese bereits in der Konzeptfindungsphase »in Filmen« diskutieren oder schon tolle Scribbles (roh gezeichnete Entwürfe von Anzeigen) auf dem Tisch liegen. Dieser Weg zum Konzept ist nur erfahrenen Konzeptionern zu empfehlen, denn bei fehlender Erfahrung ist man sehr schnell in der Diskussion von Gestaltungspunkten und reinen Umsetzungen, ohne wirklich ein tragfähiges Konzept zu haben.

*Das Konzept ist die Basis aller sich bietenden Umsetzungsmöglichkeiten und nicht umgekehrt*

## 4.3 ... und wie finden Sie eine oder die große Idee?

Es würde den Rahmen dieses Buches sprengen, wenn hier alle möglichen und auch erprobten Kreativitätstechniken dargestellt werden sollten. Darüber hinaus sind wohl die wenigsten großen Kampagnenideen in Brainstorming-Sitzungen o.Ä. geboren worden. Die erfahrenen Kreativen haben alle ihre eigenen Wege entwickelt. Der eine grübelt auf Waldspaziergängen, der andere sucht die Diskussion mit seinen Kreativpartnern und wieder ein anderer blättert tagelang in Illustrierten, um sich über die Inspiration zur Idee zu bringen. Oft sind es einfach Zufälle oder eine eher belanglose Unterhaltung beim Mittagessen, die zur Idee führen. Aber sehr oft ist es einfach systematische Arbeit rund um das Produkt und den Benefit des Produktes. Beispielsweise kann man sich vorstellen, dass einem bei einem Produkt wie McDonald's CHICKEN-MCNUGGETS relativ schnell ein Huhn

*DIE Kreativitätstechnik mit Erfolgsgarantie gibt es nicht*

*Der Schlüssel zum Erfolg – zur starken Idee – liegt meistens darin, dass man richtig »rumspinnen« kann und sich nicht scheut, auch einen im ersten Moment undurchführbar erscheinenden Ansatz weiterzudenken*

einfällt. Was kann man alles mit dem Huhn anstellen? Kann das Huhn etwas machen? Heh, vielleicht gibt es den Hahn mit Namen McNugget, der seine Hühner terrorisiert. Und daraus könnte man eine Comicfigur machen. Oder vielleicht lässt man Hühner um die Wette gackern. Oder das Huhn gackert am Telefon und terrorisiert jemanden ... Wie nun tatsächlich die Idee vom gackernden Huhn am Telefon entstanden ist, lässt sich wahrscheinlich nicht mehr rekonstruieren. Und das ist auch egal, denn was zählt, ist die Idee.

Ein anderes Beispiel verdeutlicht dies: Vor Jahren gab es für Wick Blau Hustenbonbons einen TV-Spot, in dem Tarzan durch eine Halsirritation an seinem berühmten Schrei gehindert wurde. Natürlich löste Wick Blau das Problem sofort. Bis es zu dieser erfolgreichen Idee kam, hatten mehrere kreative Gruppen der Agentur viele andere Ideen entwickelt und verworfen bzw. der Kunde fand alle Ideen wenig Erfolg versprechend. Obwohl es mindestens zwei Dutzend Kreative in Deutschland gibt, die die Tarzan-Idee für sich verbuchen, war es wahrscheinlich so, dass eine in ein Kreativ-Meeting platzende Sekretärin angesichts der frustrierten Kreativen die scherzhafte Bemerkung machte »Lasst doch einfach Tarzan schreien.«. Der Kreative, der diese Bemerkung aufnahm und konkretisierte, war dann der Sieger. Das Schreiben des TV-Spots war nur noch eine Routinearbeit.

*Folgende Anregungen können Ihnen helfen gute Ideen zu finden*

Zusammengefasst gibt es folgende Anregungen für das Finden einer Idee:

- Lernen Sie im positiven Sinne »rumzuspinnen«; oft fallen Ideen mit viel Potenzial der inneren Zensur zum Opfer, weil sie zunächst undurchführbar erscheinen.
- Beschäftigen Sie sich mit dem Produkt, mit dem Benefit, mit allem rund um das Produkt. Lassen Sie sich inspirieren.
- Nutzen Sie ruhig erprobte Kreativtechniken, aber verkrampfen Sie nicht dabei.
- Halten Sie Augen und Ohren offen. Im Prozess der Ideenfindung sind Sie konditioniert. Ihr Kopf bringt die belanglosesten Bemerkungen und Eindrücke fast automatisch in Zusammenhang mit der Problemstellung. Sie müssen manchmal nur zufassen und die Idee registrieren.

- Suchen Sie die lockere Diskussion mit Ihren Kreativpartnern.

Vor allen Dingen sollte man sich in der Ideenfindungsphase angewöhnen jeden Gedanken und jede Idee aufzuschreiben. Selbst wenn man eine Idee nicht erkennt oder der Gedanke noch zu roh und ungeschliffen ist, besteht die Chance, dass in der Diskussion mit den Kreativpartnern daraus die große Idee wird.

*Schreiben Sie alle Einfälle auf!*

## 4.4 … und was hat es mit den viel zitierten Werbe-Formaten auf sich?

*Werbe-Formate* sind vielfach erprobte Abläufe oder Darstellungsformen in der Umsetzung von Ideen, aber man sollte niemals das Werbe-Format als Idee oder Konzept verkaufen. Sehr häufig ist das Werbe-Format ein prägender Teil des Konzeptes (die TV-Spots mit dem Persil-Presenter leben natürlich von diesem Format und der Konsequenz, in der es durchgehalten wird). Oft vermischen sich die Werbe-Formate und man kann sie nicht klar voneinander trennen.

*Ein erprobtes und gängiges Werbe-Format sollte nie als Idee oder Konzept verkauft werden*

Hier die wichtigsten oder gängigsten Werbe-Formate:

Product-as-hero:

Das Produkt bzw. die Marke steht eindeutig und dominierend im Mittelpunkt – per Abbildung oder auch per überhöhter Darstellung. Eines der besten Beispiele für den interessanten und wirksamen Einsatz dieses Werbe-Formats ist die Werbekampagne für die Zigarettenmarke Lucky Strike (siehe auch Farbtafel). Durch abwechslungsreiche, anspruchsvolle *Headlines* (Überschriften) wird die groß abgebildete Marke aufgeladen und zum Helden.

*Das Produkt steht im Mittelpunkt* (Lucky Strike)

Bigger-than-life:

Das Produkt und/oder der Benefit werden deutlich und betont überdramatisiert. Durch diese bildliche oder textliche Überdramatisierung bekommen das Produkt und der Benefit eine eigene Faszination. Die Kampagne für das Putzmittel Der Weisse Riese nutzt dieses Werbe-Format. Die übergroße Personifizierung des Produktes und der Reinigungsleistung sind wahrlich größer als das reale Leben.

*Das Produkt wird überlebensgroß dramatisiert* (Der weisse Riese)

### Lifestyle

*Umfeld und Lifestyle des Produktes werden thematisiert (Bacardi)*

Der Marke wird ein von der Zielgruppe erstrebenswertes attraktives Umfeld gegeben. Ein Umfeld bzw. ein Lifestyle, der für die Zielgruppe Raum zur Identifikation und zum Träumen bietet. Jeder Lifestyle muss zum Produkt passen und für die Zielgruppe mit etwas Anstrengung auch erreichbar sein. Ein gutes Beispiel für eine Lifestyle-Kampagne ist sicherlich die Bacardi-Kampagne.

### Testimonials

*Produktverwender geben ein Testat für ein Produkt*

Produktverwender, die idealerweise mit ihrem Namen in der Werbung ein Testat für das jeweilige Produkt abgeben. Sie tun dies aus Überzeugung und haben dann die größte Glaubwürdigkeit, wenn sie nachvollziehbar der tatsächlichen Zielgruppe angehören (also Vorsicht mit Models oder Schauspielern, die Produktverwender nur spielen).

### Celebrities

*Prominente empfehlen das Produkt*

In der Zielgruppe bekannte und prominente Persönlichkeiten, die das jeweilige Produkt direkt oder indirekt empfehlen. Sie leben von ihrer Akzeptanz in der Zielgruppe und werden deshalb engagiert. Celebrities geben der Zielgruppe eine Identifikationsfläche und bieten ihr Sicherheit (wenn XYZ das Produkt verwendet, dann kann es für mich nicht falsch sein). Celebrities bergen natürlich ein großes Risiko – so zeigt z. B. der Fall Harald Juhnke (alkoholbedingte Ausfallerscheinungen in Los Angeles), wie aus einem strahlenden Celebrity über Nacht eine Persona non grata werden kann. Andere Beispiele wie z. B. der Fall des Schauspielers Wussow (bekannt aus der Serie Schwarzwaldklinik), der mit dem Wirbel um seine Scheidung sehr schnell untragbar für die Marke Kaffee Hag wurde, verdeutlichen, dass die Nutzung von Celebrities mit vielen Unwägbarkeiten verbunden ist. Grundsätzlich empfiehlt es sich, nie auf ein Celebrity allein zu setzen und bei der Vertragsgestaltung entsprechende Vorkehrungen für eine schnelle Trennung zu treffen.

### Presenter

Jeder in Deutschland kennt den Persil Presenter, Dr. Best, das Maggi Kochstudio oder Onkel Dittmeyer. Der Presenter ist eine von der Zielgruppe als kompetent anerkannte Person, die als Vertreter oder Inhaber des Unternehmens oder als neutraler Wissenschaftler die Marke oder das Unternehmen präsentiert. Dieses Format braucht natürlich Produkte, die sich ernsthaft und mit glaubwürdig vertretbaren Informationen darstellen lassen.

*Eine von der Zielgruppe als kompetent anerkannte Person präsentiert das Produkt* (DR. BEST)

### WERBEFIGUR

Das HB-MÄNNCHEN oder FRAU ANTJE aus Holland sind typische Werbefiguren. Sie stehen für eine Marke und deren Botschaft. Andere bekannte Werbefiguren sind oder waren der TCHIBO MANN, FRAU SOMMER von JACOBS oder der Frosch von ERDAL.

*Eine Werbefigur steht für das Produkt* (HB-MÄNNCHEN)

### LONG-COPY

Das ideale Format für interessante und erklärungsbedürftige Produkte. Dieses Format, in dem ein langer Text dominiert, ist nur dann sinnvoll, wenn man sich sicher ist, dass das Produkt oder der Nutzen des Produktes so interessant ist, dass die Zielgruppe erpicht darauf ist, Details zu erfahren. Ein Beispiel für eine seit Jahren laufende Long-Copy-Kampagne ist die Werbekampagne für ROLEX (übrigens auch ein Beispiel für die Mischung von Formaten – hier werden Long-Copy und Celebrities genutzt).

*Ein längerer Text erläutert erklärungsbedürftige Produkte* (ROLEX)

### EDITORIAL

Beim Editorial orientieren sich die Gestaltung und der Aufbau z.B. einer Anzeige am redaktionellen Umfeld. Dem liegt der Gedanke zugrunde, dass der Leser einer Illustrierten primär an der Redaktion und weniger an Werbung interessiert ist. Das Editorial-Format ist meistens textlastig und sollte nur für entsprechend interessante und erklärungsbedürftige Produkte eingesetzt werden.

*Gestaltung einer Anzeige nach Maßgabe des redaktionellen Umfeldes der Publikation, in der sie erscheint*

### BEFORE-AND-AFTER

Der Nutzen eines Produktes wird durch die Darstellung einer Situation vor und nach der Nutzung des Produktes demonstriert. Dieses vorrangig in TV genutzte Werbe-Format eignet sich besonders für Produkte, die einen sichtbaren und demonstrierbaren Nutzen haben. Das Format wird häufig auch als *PROBLEM-PROBLEMLÖSUNGS-FORMAT* bezeichnet.

*Eine Situation wird vor und nach der Produktnutzung dargestellt*

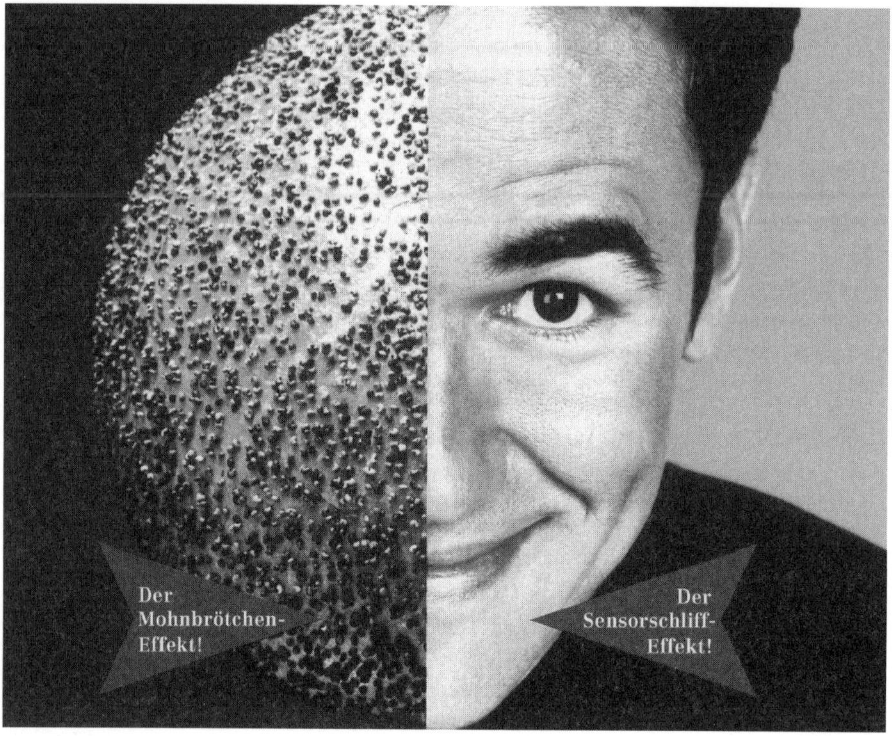


*Ein dramatisches Beispiel für das Format »Before-and-after«.*
*Schon das Bild sagt alles. Zusätzlich ist der Begriff »Mohnbrötchen-Effekt« dazu geeignet, die dargestellte Problemlösung erzählbar zu machen.*
*(Philishave-Sensorschliff-Rasur/PHILIPS)*

### SLICE-OF-LIFE

Bei diesem Format wird eine lebensechte Situation (ein »Scheibchen des Lebens«) zur Dramatisierung des Produktnutzens genutzt. Dieses typische Filmformat läuft immer gleich ab: Person A hat ein Problem; Person B gibt eine Empfehlung, Person A zweifelt und probiert das Produkt dann doch; Person A ist zufrieden und wird durch Person B bestätigt – Happyend. Dieses von den Kreativen nicht sehr geliebte Format wurde jahrelang für MON CHERI und für viele Waschmittel erfolgreich genutzt. Das Wirkungsgeheimnis liegt in der absoluten Nähe zur Zielgruppe.

*Der Produktnutzen wird lebensnah in Szene gesetzt (MON CHERI)*

### BORROWED-INTEREST (GELIEHENES INTERESSE):

Dieses Format kommt häufig dann zum Einsatz, wenn einem zum betroffenen Produkt nichts einfällt und man trotzdem auffallen will oder wenn man (positiv betrachtet) einen Einstieg in einen TV-Spot sucht, der über positive Assoziationen sehr schnell ins Thema hineinführt. Ein gutes Beispiel hierfür ist die häufig in der Werbung genutzte Filmszene aus dem Humphry-Bogart-Film CASABLANCA (... schau mir in die Augen, Kleines).

*Ein vom Produkt losgelöster »Aufhänger« weckt die Aufmerksamkeit*

# 5 DAS LANGE FINALE – TEXTGESTALTUNG

Eine der größten Schwierigkeiten in der Werbung ist das Auseinanderhalten von Arbeitsschritten und Elementen. Es ist schwierig bis unmöglich, in die Umsetzungsphase – in die eigentliche Phase der Textgestaltung – zu gehen ohne die Basis, die Strategie, zu haben und zu verstehen. Und es ist schlichtweg wenig effektiv, einfach einen Text zu schreiben oder Fotos zu suchen, bevor man nicht eine Idee und ein Konzept entwickelt hat. Hat man dies alles, beginnt die Detailarbeit. Die folgenden Kapitel konzentrieren sich auf die Umsetzungsphase, auf alle Details der Textgestaltung.

*Ohne stringente Strategie, eine gute Idee und ein tragfähiges Konzept fehlt die Basis für das Schreiben eines Werbetextes*

## 5.1 Finden Sie Ihre Headline!

David Ogilvy hat in seinem Buch »Geständnisse eines Werbemannes« die Anforderungen an eine *HEADLINE* (die Überschrift) wie folgt zusammengefasst:

*Die Überschrift ist der wichtigste Teil einer Anzeige*

*»Die Überschrift ist der wichtigste Teil einer Anzeige. Sie ist das Telegramm, das den Leser dazu bringt, den Text überhaupt zu lesen. Von fünf Personen lesen durchschnittlich vier nur die Überschrift, während nur einer den ganzen Text liest. ... Wenn Sie mit Ihrer Überschrift nicht bereits etwas verkauft haben, so haben Sie 80 % des Geldes, das Ihrem Kunden gehört, verschwendet. Die schändlichste aller Sünden ist eine Anzeige ohne Überschrift. Solche kopflosen Ungetüme gibt es noch immer. Der Texter allerdings, der es wagen würde, mir so etwas vorzulegen, wäre nicht zu beneiden.«*

Obwohl David Ogilvy dies bereits im Jahr 1963 geschrieben hat, kann man es nach wie vor nur unterstreichen.

*Die Headline weckt das Interesse des Lesers und zieht so die Aufmerksamkeit auf die Werbebotschaft*

Die Redakteure von Tageszeitungen stehen tagtäglich vor dem Problem zündende Headlines zu schreiben. Stellen Sie sich die BILD-Zeitung ohne *AUFMACHER* vor (dies ist die sehr treffende Bezeichnung für die Headline im redaktionellen Bereich) – sie würde ohne Frage mindestens 50 % ihrer Wirkung und damit wahrscheinlich ebenso viel Auflage verlieren. Manche Tageszeitungen beschäftigen Redakteure, die nur für die Headlines oder Aufmacher zuständig sind. Für Journalisten wie für Werbetexter ist die Überschrift der schwierigste Teil ihrer Arbeit.

*DIE ÜBERSCHRIFT IST DER KÖDER, MIT DEM DER LESER ODER BETRACHTER GEFANGEN WERDEN MUSS; SIE IST DIE AUF DAS WESENTLICHE VERKÜRZTE NACHRICHT ÜBER EINE NACHRICHT.*

### 5.1.1 Wege zur tollen Headline

Jeder Texter hat seine eigenen Wege zur tollen Headline. Gleichgültig, ob die Headline in der Kneipe auf dem Rand eines Bierdeckels das Licht der Welt erblickt oder als Alternative Nummer 97 fein säuberlich im Apple-Computer geschrieben wird, es gibt ein paar Grundregeln, die für das Schreiben wie auch für die Beurteilung von Headlines wesentlich sind.

Hier sind einige und sicher auch die wesentlichsten Grundregeln:

*Dass man auf Bierdeckeln nicht nur Notizen, sondern auch gekonnt Werbung machen kann, zeigt dieses Beispiel einer im Zentrum stehenden, provozierenden Headline über die man spricht. (Idee & Gestaltung: OGILVY & MATHER, Frankfurt)*

## Bild schlägt Wort; aber ein starkes Bild mit der richtigen Headline schlägt alles.

*Unsere Zeit der schnellen Bildinformation beeinflusst unser Informationsaufnahmeverhalten*

Es führt kaum und sehr selten ein Weg am Bild vorbei. Diese Erkenntnis mag für manchen Texter schmerzlich sein, ist aber Realität. Wir leben in der »Bildzeit« und müssen die Dominanz der schnellen Bildinformationen akzeptieren. Die Entwicklung des Fernsehens mit inzwischen ungezählten Programmen, Tageszeitungen mit Farbbildern und Illustrierte, die praktisch mehr vom Bild als vom Text leben, sowie die gesamte Computerisierung mit wahren Wunder-Multimedia-Maschinen prägen zunehmend unser Informationsaufnahmeverhalten. Kritische Stimmen und auch ernst zu nehmende Untersuchungen sprechen von einer sich besonders unter Jugendlichen schnell verbreitenden neuen Form des Analphabetentums. Dieser Entwicklung kann sich die Werbung natürlich nicht entziehen, sie muss diese Entwicklung für sich antizipieren.

*Das treffende Zusammenspiel von Headline und Bild erleichtert die Kommunikationsarbeit*

So ist das gekonnte Zusammenspiel zwischen Headline und Bild gefordert. Es erleichtert in vielerlei Hinsicht die Kommunikationsarbeit. So kommuniziert ein dargestelltes Auto bereits viele Grundinformationen (z.B., dass es sich um eine Anzeige für ein Auto handelt) oder umfasst die bildliche Darstellung der Gruppe junger Menschen unter Palmen bereits sehr wichtige psychologische Dimensionen, die mit Worten nur sehr schwer zu erfassen wären.

Die Headline addiert, konkretisiert, provoziert, informiert faktisch, konzentriert auf die Essenz (z.B. den Benefit) oder kommentiert ganz einfach. Bilder bekommen durch die Headline eine überraschende Wendung oder Bedeutung. Jeder kann es sehr einfach selbst probieren, wie Worte, ein einfacher Satz, eine Headline die Art, wie man das Bild sieht und interpretiert, verändern. Dieser Effekt kann häufig beim Lesen verschiedener Tageszeitungen und Boulevardblätter beobachtet werden: Obwohl das Bild vom Treffen zweier Staatsmänner vollkommen identisch ist, gelingt es durch die Headline, je nach Intention Erfolg oder Misserfolg zu zeigen. Oder man nehme ein Comic mit Garfield – durch den Wechsel der Aussagen in den Sprechblasen kann man aus dem »hinterhältigen« Garfield einen richtig netten Kater machen. Sehr oft liegt gerade hier die wahre Kunst des Headlineschreibens.

*Unterschiedliche Headlines über ein und demselben Bild können völlig verschiedene Werbebotschaften vermitteln und dem Bild eine neue Richtung geben.*

Headline und Bild spielen sich im Idealfall die Bälle zu und bilden die kongeniale Einheit, die dafür sorgt, dass der Leser »bremst« und die intendierte Botschaft auf einen Blick ankommt.

*Die Headline sollte die Aussage des Bildes »auf den Punkt bringen« und diese nicht lediglich wiederholen*

Aber viel zu häufig beschreibt die Headline nur, was man bereits ohnehin im Bild sieht. Zum einen wird hierdurch die Chance vergeben, das additive Zusammenspiel von Headline und Bild voll zu nutzen. Zum anderen ist das Ergebnis allzu häufig einfach langweilig.

**Jede Headline sollte sich an das persönliche Interesse des Lesers wenden.**

*Je spezifischer die Headline fokussiert ist, desto eher erreichen Sie Ihre Zielgruppe*

Von der richtigen Adressierung der Leser (der Zielgruppe) hängt die Bereitschaft zum Lesen ab. Je allgemeiner die Headline in der Adressierung ist, desto höher ist der Anteil der an der Headline und damit an der gesamten Anzeige Uninteressierten. Beispiel: Für den Toyota Previa wurde in einer Anzeige mit folgender Headline gearbeitet: »Die Familienlimousine mit begehbarem Kofferraum. Der Previa.«

Die Zielgruppe ist hier eindeutig adressiert, das persönliche Interesse des Familienvaters oder der Familie (nämlich: viel Platz für alle Familienmitglieder und deren Gepäck zu haben) ist ohne Umschweife angesprochen. Mit der sprachlichen Wendung »begehbarer Kofferraum« ist außerdem eine kreative Umschreibung gefunden, die sofort großzügige räumliche Dimensionen klarmacht.

*Weckt eine Headline das persönliche Interesse des Lesers, wird er auch die Werbebotschaft wahrnehmen*

Das Ansprechen des persönlichen Interesses ist eine kleine Versicherung gegen das schnelle Überblättern einer Anzeige. Eine Headline wie »Wenn Sie Ihre Fuhrparkkosten um 15 % bis 20 % reduzieren wollen ... « der Autoleasing-Firma ALD wird mit Sicherheit vom kostenbewussten Finanzchef eines Unternehmens wahrgenommen. Ob allerdings eine Headline wie »Budget Rent a car. Big all over« den Anspruch der richtigen Adressierung erfüllt, ist mehr als fraglich – oder wissen Sie, wer oder was hier angesprochen ist?

**Der Benefit ist nicht nur die Seele der Werbung, sondern ganz besonders der Headline.**

*Versprechen Sie in Ihrer Headline etwas*

Die besten Headlines sind die, die ein Versprechen – einen *Benefit* (siehe Kap. 3.1.5) – enthalten.

*Ein unangenehmes Thema wie Fußpilz braucht einen besonderen Aufhänger. Headline und Bild transferieren das Problem in eine erst einmal angenehmere Ebene. Gleichzeitig wird sozialer Druck erzeugt (... wenn schon die Kinder über meinen Fußpilz reden ...). (IMPRESAN; BRAUNS-HEITMANN)*

| | |
|---|---|
| *Vichy:* | Physio. Die Intensiv-Körperpflege verbessert deutlich das Aussehen Ihrer Haut. |
| *Renault 19:* | Ausstattung verbessert. Preis gesenkt. Wir glauben an das Gute im Auto. |
| *Renault Twingo:* | Das neueste Twingo Wunder: Schalten ohne kuppeln. |
| *Toyota Previa:* | Die Familienlimousine mit begehbarem Kofferraum. Der Previa. |

In den o.g. Beispielen sind die Benefits sehr klar und unkodiert herausgearbeitet. In vielen Headlines wird der Benefit erst auf den zweiten oder dritten Blick deutlich bzw. wird erst im Zusammenhang mit dem Bild klar.

| | |
|---|---|
| *Miele:* | Wieder ein herrlicher Tag zum Wäschetrocknen.<br>Der Benefit wird hier erst deutlich, wenn man das Bild dazu sieht: ein Miele Wäschetrockner im strömenden Regen. |
| *Grundig:* | Der Megatron-Effekt. Schärfer. Brillanter. Echter.<br>Der Benefit oder besser die Benefits werden erst eindeutig durch das Bild: Ein Krokodil kommt sehr plastisch aus dem TV-Gerät heraus. |

Natürlich bedingt die Forderung nach einem Benefit in der Headline, dass per Copy-Strategie ein klarer Benefit identifiziert wurde. Und spätestens hier wird deutlich, wie wichtig es ist, sich auf den einen einzigen starken Benefit in der Copy-Strategie konzentriert zu haben.

*Vermeiden Sie die Insiderfalle: Eine Headline die allen Eingeweihten gefällt – aber kein Konsument versteht*

Eine Headline mit klarem Benefit ist jeder Headline mit pseudointelligentem Wortgeklingel vorzuziehen. Nur zu oft geht man in die *Insider-Falle:* Die Headline gefällt allen in der Agentur, aber kein Konsument versteht sie oder kann auch nur annähernd etwas damit anfangen.

### Headlines können aus einem Wort, aber auch aus mehr als zehn Worten bestehen.

Es gibt keine Regel oder allgemein verbindlichen Marktforschungsergebnisse, die bezüglich der Anzahl der Worte einen

*Eine Anzeige, die durch einen eindeutigen Benefit überzeugt. Das Bild unterstreicht den Benefit durch die Problemdarstellung. Und die Länge der Headline stellt auch durch die typografische Herausstellung des Preises überhaupt kein Problem dar. (DB)*

verlässlichen Hinweis geben. Zwar hat sich David Ogilvy in seinen Büchern immer als Anhänger langer Headlines zu erkennen gegeben, aber auch er kann außer zwei, drei Beispielen keinen schlüssigen Beweis für die Wirksamkeit von langen Headlines in jedem Fall liefern.

Zum Beispiel ist eine der berühmtesten deutschen Headlines ganze sechs Worte lang: »Alle reden vom Wetter. Wir nicht.« (Deutsche Bundesbahn).

Und David Ogilvys berühmte Rolls-Royce-Headline besteht aus immerhin 18 Worten: »At sixty miles an hour the loudest noise in the new Rolls-Royce comes from the electric clock.«

Wirklich entscheidend sind der Inhalt der Headline, der durch die richtige Adressierung erreichte Aufmerksamkeitswert und das richtige Zusammenwirken mit den anderen Elementen der Anzeige.

**Leser suchen nach Neuigkeiten und nach »Schnäppchen« – dies sollte man in der Headline tunlichst nutzen.**

*Wecken Sie die Neugier Ihrer Kunden*

Irgendwann haben viele Texter angefangen das Wort Neu als unangemessen für ihre Headlines zu empfinden. Und auf ein besonders günstiges Angebot ganz direkt in der Headline aufmerksam zu machen scheint auch verpönt zu sein. Dabei kann man gerade mit diesen Informationen hohe Aufmerksamkeit und ein Einsteigen in die Anzeige erzielen. Dass dies nicht unbedingt strohtrocken sein muss, zeigen die vier folgenden Headline-Beispiele:

| | |
|---|---|
| *Toshiba:* | Beim Preis dieses Laserfaxgerätes geht jedem Tintenfax die Düse |
| *Weihenstephan:* | Unser Neuer ist ’ne Pflaume. |
| *Toyota Celia:* | Demnächst in Ihrem Rückspiegel: Der neue Celia. |
| *VW Polo:* | Der neue Polo. So gross kann klein sein. |

Neuigkeiten und besondere Angebote (womit nicht nur Preisangebote gemeint sind, sondern auch Angebote, die aus dem Rahmen fallen; z. B. beim VW Golf die Rolling Stones Collection oder die Swatch Jahresuhr) sind echte Additive, die dafür sorgen, dass sich die Marke temporär besonders aus dem Konkurrenzangebot abhebt.

### Der Produkt- oder Markenname sollte in der Headline eine Rolle spielen.

Natürlich gibt es auch hier kein »Muss«, aber wenn man davon ausgeht, dass die Headline meistens das Einzige ist, was wirklich wahrgenommen wird, dann ist der Markenname in der Headline eine Art Versicherung. Man kann sicher sein, dass der Betrachter/Leser der Anzeige wenigstens eine Botschaft vollständig, inklusive dem Absender, wahrgenommen hat.

### Headlines mit Verneinungen oder Negativaussagen sind gefährlich.

*Formulieren Sie so eindeutig, dass Fehlinterpretationen ausgeschlossen werden*

Oberflächliches Lesen, das ganzheitliche Erfassen und die Dominanz von Reizwörtern können bei Verneinungen oder Negativaussagen verheerende Folgen haben. Eine Headline wie z. B. »Unser Salz enthält kein Arsenik« wird leicht fatal reduziert wahrgenommen und verkehrt die positive Tatsache evtl. ins Gegenteil – die beiden wesentlichen und ins Auge fallenden Reizwörter »Salz/Arsenik« bleiben ohne die eigentlichen informationgestaltenden Worte ohne klaren Gehalt und sind offen für Fehlinterpretationen. Auch diesen Effekt kann man relativ einfach an sich selbst testen – entsprechend der eigenen Interessenlage selektiert man beim Durchblättern einer Illustrierten oft sehr isoliert Worte heraus und bildet sich allein aufgrund dieser Worte eine Meinung bzw. entscheidet daraufhin, ob man den Artikel oder den Text einer Anzeige liest.

### Intellektuelle Wortspiele, literarisch Abgehobenes oder schöngeistiges Wortgeklingel gehören nicht in die Headline.

*Die Headline soll nicht Sie und Ihre Kollegen ansprechen, sondern die Zielgruppe*

Bedenken Sie immer, dass jede Headline in Konkurrenz mit vielen anderen Headlines und Informationen steht. Wichtig ist nicht, ob die Kollegen in der Agentur die Headline »stark« finden, sondern ob sie ihre Aufgabe erfüllt und die Leser für die Anzeige bzw. das Angebot interessiert.

Oft ist es die Politik der Aufmerksamkeit um jeden Preis, die zu Headlines führt, die nur von Eingeweihten verstanden werden. Ein Blick auf das Werbeziel und die Zielgruppenbeschreibung in der Copy-Strategie sollte immer wieder zur Rückbesinnung führen.

*Ein echter Hingucker. Eine Headline, die im ersten Moment kaum zu dem Produkt zu passen scheint. Im zweiten Moment wird der Zusammenhang deutlich (. . . die Rechtschreibreform wird vielen Menschen Kopfschmerzen bereiten). Auch ein gutes Beispiel dafür, wie man aktuelle, öffentliche Themen für sich nutzen kann.*

Finden Sie Ihre Headline!

Vermeiden Sie die beliebten, aber oft gefährlichen Doppeldeutigkeiten. Die Headline in einer Anzeige für Amecke's Apfelsaft mit Kalzium macht dies deutlich: »Ihre Knochen leben von der Fürsorge.« Das Wort »Fürsorge« lässt den Leser sofort an entsprechende staatliche Unterstützung denken. Und was empfindet der Fürsorgeempfänger beim Lesen dieser Headline? Oder was denken Mercedesfahrer beim Lesen der Headline »Jeder vierte Sack fährt Mercedes« (Deutsche Post AG)? Beide Headlines sind auf den ersten Blick äußerst kreative und wahrscheinlich auch strategisch richtige Headlines – in dem einem Fall geht es darum, an die eigene Verantwortung für die Gesundheit (die Knochen) zu appellieren, und im anderen Fall soll über die Herausstellung der Akzeptanz durch den Dienstleister Post die Zuverlässigkeit von Mercedes-Lkws betont werden. Trotzdem machen beide Beispiele die Gefährlichkeit des Spiels mit Worten deutlich.

*Achten Sie auf Doppeldeutigkeiten*

**Die Headline muss zum Konzept passen und als wesentliches Element das Konzept mittragen.**

Wenn Ihr Konzept z.B. mit *Testimonials* (siehe Kap. 4.4) arbeitet, sollte die Headline eine Testimonial-Aussage in Anführungszeichen sein. Machen Sie die Headline zur Speerspitze in der Durchsetzung Ihres Konzeptes – Sie wissen ja, dass bei den meisten Lesern nur die Headline haften bleibt.

*Die Headline ist die Speerspitze für die Durchsetzung Ihres Konzeptes*

## 5.1.2 Headlines entstehen in einem manchmal schmerzhaften Prozess

Selbst ein Werbegenie wie David Ogilvy bekennt, dass er immer viele Headlines schreiben musste, bevor die endgültige Headline feststand. Es gibt keine standardisierte Vorgehensweise, jeder Texter hat seine eigenen Tricks und Kniffe um zum Ergebnis zu kommen.

Hier ein paar Empfehlungen, die helfen können:

- Schreiben Sie die Fakten in Stichworten auf – was soll inhaltlich mit der Headline kommuniziert werden?
- Schauen Sie sich die Copy-Strategie genau an – verinnerlichen Sie den Benefit.

*Tipps, die Ihnen bei der Entwicklung Ihrer Headline helfen können*

- Welche *Reizworte* ergeben sich aus Ihrem Konzept bzw. aus dem Benefit? Spielen Sie mit den Begriffen, bevor Sie an das Schreiben der Headline gehen. Zum Beispiel ergeben sich aus dem Benefit »leicht« eine Vielzahl von sehr bildhaften Begriffen und Formulierungen (»luftig«, »leicht wie eine Feder« oder »abheben«), die den ziemlich abgegriffenen Begriff »leicht« mit neuen Inhalten füllen bzw. ungewöhnlich daherkommen.
- Welche Anforderungen definieren sich aus dem Konzept heraus an die Headline?
- Welches Bild wird mit der Headline erscheinen? Wie schon deutlich gemacht, sollte die Headline auf der Grundlage des Bildes entstehen. Und sehr häufig fallen einem beim Betrachten eines Bildes relativ schnell sehr gute Headlines ein.
- Schauen Sie sich die Headlines der Konkurrenz und frühere Headlines Ihres Produktes an und analysieren Sie die Stärken und Schwächen. Manchmal empfiehlt es sich sogar, eine gute eigene Headline einfach weiterzuentwickeln. Oft werden zu Unrecht gute Headlines ohne näheres Diskutieren zur Seite gelegt.

Wie gehen Sie am besten vor?

- Schreiben Sie erst einmal, ohne viel über Stil und das einzelne Wort nachzudenken *Rough*-(Roh-)*Headlines* – einfach, was Ihnen so einfällt. Probieren Sie unterschiedliche Diktionen – Frageform, lange Sätze, Wortaneinanderreihungen, Wortspiele etc.
- Fangen Sie an zu feilen – nehmen Sie sich einzelne Rough-Headlines vor – tauschen Sie Worte aus, streichen Sie Worte oder addieren Sie Adjektive etc. Nutzen Sie hier ruhig auch Synonymen-Lexika, um die jeweils besten Worte zu finden.
- Diskutieren Sie Ihre Headlines mit Ihren Kollegen.
- Lassen Sie die Headlines mal ein paar Stunden liegen und gehen Sie dann mit etwas Abstand wieder an die Arbeit.
- Machen Sie mit den drei von Ihnen präferierten Headlines Layouts oder Scribbles. Wie »wirken« Ihre Headlines zusammen mit dem Bild und dem Produkt?

Misstrauen Sie immer dem Geniestreich – der Headline, die in fünf Minuten entstanden ist. Die Frage ist nicht, ob es eine gute Headline ist, sondern ob es die wirklich beste Headline für die Anzeige oder das jeweilige Werbemittel ist.

### 5.1.3 Einige methodische Hilfen

Oft hilft es, bei der Entwicklung von Headlines bekannte Grundmuster auf ihre Eignung abzuklopfen. Hier sind einige:

*bekannte Grundmuster auf ihre Eignung abklopfen*

#### Gegensatzpaare

Stellen Sie den Vorzug des Produkts dar, indem Sie Gegensatzpaare bilden. Gegensätze haben eine starke dramaturgische Kraft. Spielen Sie mit den Gegensätzen Ihrer Aussage oder Ihres Benefits. Beispiele:

*Gegensätze haben eine starke dramaturgische Kraft*

»UNSERE ZEIT IST GEGEN IHR HERZ. BECEL DAFÜR.«

»SCHLUCKIMPFUNG IST SÜSS. KINDERLÄHMUNG IST GRAUSAM.«

»ALLE REDEN VOM WETTER. WIR NICHT.« (DB)

#### Spielerische Verfremdung

Das Spiel mit Begriffen, die in unmittelbarer Nähe zum Produkt stehen, ist oft ein sehr interessanter Weg, spielerisch eine klare Aussage zu machen. Beispiele:

»EIN GUTER WINTERREIFEN KOMMT AUCH BEI NÄSSE NICHT INS SCHWIMMEN.« (UNIROYAL)

»WO DIE SONNE ÜBERWINTERT.« (TOUROPA)

»SCHON MARY STUART HAT WEGEN SCHOTTLAND IHREN KOPF VERLOREN. UND IHNEN WIRD ES AUCH NICHT ANDERS ERGEHEN.« (Schottland; siehe auch Farbtafeln)

#### Ursache und Wirkung

Diese Mechanik ist meist sehr klar und überzeugend. Was ist der Grund und was ist die Folge?

Beispiel ist hier eine Anzeige für den guten Service eines Automobil-Herstellers, die das Bild einer nicht rechtzeitig gewechselten »verkohlten« Zündkerze zeigt. Die Headline hierzu: »12 LITER AUF 100 KILOMETER.«

Ein anderes Beispiel in vollkommen anderer Diktion ist eine Anzeige für die englische Marke ALTOIDS, starke Pfefferminzbonbons. Zur Produktabbildung arbeiten Headline und Claim im Sinne von Ursache und Wirkung zusammen:

»No wonder the British have stiff upper lips …
The curiously strong mints.«

## Widersprüche

*inhaltliche Widersprüche wecken Aufmerksamkeit*

Verbale Gegenüberstellungen mit inhaltlichen Widersprüchen wecken Aufmerksamkeit.

Beispiele hierfür:

»Männer sind die angenehmste Fehlkonstruktion, die ich bisher erlebt habe.« (Frauen-Graffiti)

»Für die angenehmste Erkältung, die Sie je hatten.« (Alka Seltzer)

## Story

*Geschichten machen eine Aussage sehr nachvollziehbar*

Kleine, feine Geschichten machen eine Aussage sehr nachvollziehbar. Der Leser wird stärker in das Thema eingebunden. Beispiel hierfür sind:

»Es war morgens. Der Verkehr staute sich in Richtung Süden.
Der Zug rollte los. Und dann ging es einfach geradeaus in den Urlaub.
Wir lehnten uns zurück.« (DB)

»Ooh, what a night …« (Lucky Strike)

Bild (eine mit Telefonnummern vollgekritzelte Zigaretten-Packung; siehe auch Farbtafeln) und Head ergeben die perfekte Geschichte einer ereignisreichen Nacht.

»Sehen Sie es doch mal so:
Sie haben das Finanzamt reich gemacht.
Sie haben das Studium Ihrer Kinder finanziert.
Sie haben auf manches Vergnügen verzichtet.
Wenn Sie jetzt nicht etwas für sich tun – wann dann?« (Porsche; siehe auch Farbtafeln)

## Alliteration

*Alliterationen prägen sich ein*

Gleicher Anlaut der betonten Silben der aufeinander folgenden Worte. Aus der Umgangssprache z.B.: »Bei Wind und Wetter«, »Land und Leute«.

Automobilbranche: »Mensch und Motor«

Finden Sie Ihre Headline!

Anwaltskanzlei: »Mit Rat und Recht«

Möbelbranche: »Wir verbinden Holz und Haus«

**Analogie**

Nutzung von Entsprechungen, Ähnlichkeiten, Gleichheit von Verhältnissen.

*Analogien verdeutlichen den Produktnutzen*

ähnliche Funktion – für einen Rasierapparat:
»Vergessen Sie Ihren Rasenmäher«.

ähnliche Leistungs-/Nutzen-Dimension
»So schnell wie Schumi«

Analogie aus der Natur
»So frisch wie der Frühling«/»frühlingsfrisch«

**Anapher**

Wiederholung von gleichen Worten zu Beginn von aufeinander folgenden Aussagen oder Satzteilen.

»Mehr Internet. Mehr Kommunikation.«

»Rote Schuhe. Rote Preise.«

»Rein ins Vergnügen. Rein zu Karstadt.«

»Lieber trocken trinken als trocken feiern.«

**Appell**

Aufruf zu einem bestimmten Verhalten.

*Appelle motivieren zum Handeln*

»Was 100.000 Unternehmer mit ihrem Geld machen, ist ihre Sache. – Oder Ihre.«

»Schützen Sie Ihre Kinder vor der Sonne.«

»Vertrauen Sie XYZ.«

»Wenn sich das Klima ändern kann, können Sie es auch.«

**Provozierende Aufforderung/Fragestellung**

Provokation mit Denkanstößen, direkte Aufforderung zur Auseinandersetzung oder provozierende Fragestellung.

»Die Wahrheit schmerzt!«

»Oder gibt es eine bessere Lösung als XYZ?«

»Urteilen Sie selbst: Kann es irgendwo anders billiger sein?«

»Wohnst Du noch oder lebst Du schon?«

**Name-Dropping**

Nutzung von bekannten, berühmten, bedeutungsvollen Namen als Aufmerksamkeitsverstärker/Stopper; Nutzung von »in«- oder »un«-Worten.

»WAS VERONA RECHT IST, SOLLTE IHNEN BILLIG SEIN.«

»SCHOPENHAUER ÜBER DELL: BEI GLEICHER UMGEBUNG LEBT DOCH JEDER IN EINER ANDEREN WELT.«

### 5.1.4 Ist die Headline gut oder schlecht? Funktioniert die Anzeige? Oder?

*Es reicht nicht, den Betrachter einzufangen, es gilt ihn zu einer definierten Reaktion oder Aktion zu bringen*

Die »normale« Headline bewegt nichts. Also gilt die Suche der ungewöhnlichen Headline und dem ungewöhnlichen Bild, die den Betrachter einfangen. Hier genau liegt aber die Falle! Wie in den bisherigen Ausführungen deutlich gemacht wurde, geht es in der kommerziell orientierten Kommunikation um die Erreichung von Zielen. Also reicht es nicht, den Betrachter einzufangen, es gilt ihn zu einer definierten Reaktion oder Aktion zu bringen.

Um deutlich zu machen, wie man sich bei der Suche nach den außergewöhnlichen Headlines manchmal auf vielleicht zu dünnes Eis begeben kann, hier einige Anzeigen zur Diskussion und Auseinandersetzung.

BEISPIEL 1

Wenn die nebenstehende VAN LAACK-Anzeige (gestaltet von der Werbeagentur JUNGVMATT/Elbe) vor einigen Jahrzehnten geschaltet worden wäre, hätte man den Normalzustand im Zusammenleben der Geschlechter beschrieben. Der kleine Stolperstein wäre lediglich die fehlende Bindung an eine Frau gewesen – aber herzensbrechende Casanovas ohne ernsthafte Absichten hat es schon immer gegeben.

Es ist aber eine Anzeige aus dem Jahr 2002 für eine Premium-Hemden-Marke. Die Headline »SIE WERDEN IN IHREM LEBEN MEHR ALS NUR EINE FRAU LIEBEN« entspricht inzwischen dem gesellschaftlich normalen Bild. Die Subline dagegen »ABER ALLE WERDEN DASSELBE HEMD BÜGELN« aktiviert das Bild einer konservativen Geschlechterbeziehung. Von dieser Spannung lebt die Botschaft: Auch als moderner Single legt der abgebildete junge Mann offensichtlich Wert auf qualitativ hoch-

wertige und haltbare Hemden. Sein nicht ganz zeitgemäßes Rollenverständnis mag mit der Exklusivität seiner Ansprüche zusammenhängen.

Die Frage ist, wer sich mit dem Bild des so dargestellten jungen Mannes identifizieren möchte. Es wäre beispielsweise überlegenswert, ob durch eine Umformulierung der Subline etwa in Richtung »ABER ALLE WERDEN DASSELBE HEMD *AUFKNÖPFEN*« nicht eine größere Zielgruppe erreichbar wäre.

### BEISPIEL 2

Eine Anzeige in sehr plakativem Layout. Die Headline »DIE NEUE FRAU IM SPIEGEL. JÜNGER, MODERNER, SPANNENDER« kündet von einer Überarbeitung der Zeitschrift. Das Bild vermittelt, dass die Zeitschrift so große Begehrlichkeiten weckt, dass »frau« sich buchstäblich darum prügeln könnte.

Ob diese Karikierung von der dargestellten Zielgruppe junger, dynamischer und erfolgreicher Frauen eher schmunzelnd zur Kenntnis genommen oder abgelehnt wird, entscheidet über den Erfolg der Anzeige.

## BEISPIEL 3

Die IWC Werbekampagne ist ein hervorragendes Beispiel für sauber und plakativ gestaltete Werbung und für das Werbeformat Product-as-Hero (siehe Kap. 4.4). Die Anzeige fällt auf, sie kommuniziert klar und deutlich.

Die Headline »OUTEN SIE SICH ALS MANN« mag Fragen aufwerfen. Der potenzielle Käufer könnte fürchten, dass ihm unterstellt wird, kein richtiger Mann zu sein, wenn er die IWC-Uhr braucht, um sich als solcher zu »outen«. »*FÜHLEN* SIE SICH ALS MANN« wäre hier vielleicht unverfänglicher.

BEISPIEL 4

Schöne lange Beine und die AIR FRANCE passen zusammen. Die Anzeige ist plakativ, sie ist sauber gestaltet. AIR FRANCE nutzt auf sehr französische Art die herrlich langen Beine des Models als Blickfang – borrowed interest (siehe Kap. 4.4) in bester Art. Folgt der Betrachter aber wirklich dem Spannungsbogen vom Bild über die Headline »WO DER HIMMEL AM SCHÖNSTEN IST« bis hin zur Subline »TEMPO TARIFE. SO ATTRAKTIV KÖNNEN GÜNSTIGE FLUGPREISE SEIN!«?

Ginge es in der Botschaft nicht um Preise, sondern um die Service-Qualität oder die sympathische Lebensart der Franzosen, die man beim Flug mit AIR FRANCE wieder findet, wäre der gedankliche Transfer vielleicht weniger problematisch.

Beispiel 5

Die dramatisch in Szene gesetzte Situation bringt der Jet-Anzeige mit Sicherheit Aufmerksamkeit. Das große scharf konturierte Messer im Vordergrund und die bedauernswerte weichgezeichnete Frau im Hintergrund schaffen die Grundspannung des Bildes.

Wie beim vorherigen Beispiel, ist allerdings auch hier nicht sichergestellt, ob der Leser den Transfer zwischen der Bildaussage und der Werbebotschaft, dass man bei Jet günstig tanken kann, auch mit Sicherheit leistet.

## 5.2 Verschiebung – das Geheimnis der Ebenen

Natürlich stellt man sich oft die Frage, wie manche gut gelungenen Headlines überhaupt entstehen konnten. Eine der berühmtesten deutschen Headlines – »Alle reden vom Wetter, wir nicht« – wurde zum geflügelten Wort.

Man stelle sich hier die Situation des Texters vor: In der Vorgabe des Kunden wurde sicherlich der Punkt gemacht, dass es darum geht, deutlich zu machen, dass die Deutsche Bundesbahn bei jedem Wetter fährt. Eine Aufgabe, die unweigerlich zu relativ klaren Headlines und Bildern führen muss. Etwa »Ob's regnet oder schneit, mit uns kommen Sie an« oder »Schnee und Eis können uns nicht stoppen« oder Ähnliches. Dies sind richtige Headlines und Headlines, die mit Sicherheit die gewollte Botschaft in sich tragen. Aber es sind erwartbare Headlines ohne Überraschung und ohne Charme. Mit der scheinbaren Entfernung von der harten Produktbotschaft der Bahn bei der Headline »ALLE REDEN VOM WETTER, WIR NICHT« hat es der Texter geschafft, eine überraschende Wendung zu finden und sogar eine Alleinstellung charmant zu integrieren. Ob gewollt oder nicht, hat der Texter sich der Technik der *VERSCHIEBUNG* bedient.

*Verschiebung ist meist der gekonnte Verstoß gegen Normen*

Was ist *VERSCHIEBUNG*? Verschiebung ist letztendlich das Spiel mit den Normen bzw. der gekonnte Verstoß gegen Normen. Man zwingt den Leser damit indirekt, sich zu involvieren; er wird animiert für sich den Punkt zu finden, der ihn in seinem momentanen Vollzug gestoppt und seine Aufmerksamkeit auf sich gezogen hat.

Die wahre Kunst besteht natürlich darin, die Verschiebung und die damit verbundenen gedanklichen Umwege und Assoziationen aufseiten der Leser in ihrer Wirkung im Griff zu behalten und die Auflösung im Sinne der Aufgabenstellung sicherzustellen. Die o.g. Headline der Deutschen Bundesbahn erfüllt dies ideal.

*GUTE VERSCHIEBUNGEN FUNKTIONIEREN WIE GUTE WITZE – DIE BEDEUTUNG DER EINEN EBENE WIRD DURCH DIE BEDEUTUNG DER ZWEITEN EBENE IN EINEN NEUEN ÜBERRASCHENDEN ZUSAMMENHANG GESTELLT.*

*Das Spiel mit Inhalten verschiedener Bedeutungsebenen erzielt die Aufmerksamkeitseffekte beim Leser*

Man kann generell davon ausgehen, dass die wirklich guten Witze ihre Pointen aus der Verschiebung bzw. der gelungenen Nutzung von zwei verschiedenen Ebenen beziehen.

Beispiel: »ERZÄHLT EIN ENGLÄNDER EINEM SCHOTTEN: ›ICH HABE 5 PFUND ABGENOMMEN.‹ FRAGT DIESER ZURÜCK: ›WEM?‹«

Die Pointe dieses Witzes entsteht aus der Doppelbedeutung des Begriffes »Pfund«, also aus den beiden damit verbundenen Ebenen »Gewicht« und »Währung/Geld«, sowie durch die Einbeziehung der berühmt berüchtigten Geizigkeit der Schotten.

Die Grenze zwischen gekonnter Verschiebung und reinem Spiel mit Worten und Doppeldeutigkeiten ist fließend.

Dies zeigt eine Headline aus der bekannten JÄGERMEISTER-Kampagne: »ICH TRINKE JÄGERMEISTER, WEIL MEINE GASRECHNUNG EXPLODIERT IST.« In dieser Headline wird mit Worten gespielt, die in zwei gedanklichen Ebenen angesiedelt sind und deren Verbindung mit Sicherheit bei manchem Leser ein Schmunzeln erzeugt. Doch durch die offensichtliche Mechanik der Headline (der zweite Teil der Headline beschreibt immer einen Anlass für das Trinken von Jägermeister) ist keine echte Verschiebung erreicht. Dies wird auch bei einem zweiten Beispiel aus der JÄGERMEISTER-Kampagne deutlich, bei dem ebenfalls ein nettes Wortspiel getrieben wird: »ICH TRINKE JÄGERMEISTER, WEIL ICH EINER FLIEGE AUS DER PATSCHE GEHOLFEN HABE.«

*Beispiele für Doppeldeutigkeiten und das Spiel mit Worten in der Headline*

Das Spiel mit Worten und Doppeldeutigkeiten wird ebenfalls aus folgenden Headline-Beispielen deutlich:

»WIE GATES WEITER?«
Mit dieser Headline in einer Anzeige für COMPUTER-BILD wird geschickt auf die Rolle von Bill Gates, dem Chef von MICROSOFT, für die Entwicklung des Software-Marktes angespielt und eine aussprachebedingte Ähnlichkeit zum Begriff »geht 's« genutzt. Die Headline setzt natürlich voraus, dass man Bill Gates kennt und die thematische Verbindung herstellen kann.

»KILT DIE KOSTEN.«
Diese Headline einer Anzeige für DEBITEL spielt mit den beiden Begriffen »Kilt« und »killt«. Allerdings wird dies erst offensichtlich durch ein dazugehöriges Bild eines Schotten im Kilt. Ohne das Bild wird kaum jeder das Wortspiel verstehen, sondern eher an einen Fehler denken.

»DEUTSCHLANDS ERSTES NETTWORK.«
Ein wirklich nettes Beispiel dafür, wie man mit einem Buchstaben mehr einen Benefit integrieren kann. Die Frage ist

allerdings, wie viele Leser der ARCOR-Anzeige die Veränderung von Network zu Nettwork bemerken.

»BAUEN SIE KEINEN MIST.«
Auch bei dieser Headline einer Anzeige der INITIATIVE PRO SCHORNSTEIN liegt ein Wortspiel zugrunde, dass erst durch das dazugehörige Bild eines gemauerten Schornsteins seinen Sinn bekommt.

»DURSTSTRECKEN KÖNNEN SIE MIT ANDEREN FLIEGEN.«
Diese Headline einer Anzeige von CONDOR ist von der Anlage her eine geschickte Verschiebung. Durch die Auflösung jedoch (es geht tatsächlich um freie Getränke während des Fluges) ist es dann doch nur ein nettes, auf den Punkt gehendes Spiel mit Worten.

»DER UNTERSCHIED ZWISCHEN GELIEFERT HABEN UND GELIEFERT SEIN IST HAUCHDÜNN.«
Diese für eine HERMES-Anzeige geschriebene Headline ist ein Wortspiel der obersten Klasse. Die Headline bringt den Leser zum Stolpern und zum Schmunzeln. Und nahe am Thema einer Kreditversicherung ist sie auch noch.

»DAS LEAST SICH GUT: NUR-59-MARK-IM-MONAT-LEASING«
Ein nettes Wortspiel von DAIHATSU, das natürlich nur dann funktioniert, wenn man der englischen Sprache mächtig ist – man liest das Wort »least« als »liest«.
Übrigens ein Spiel, das gerne genutzt wird – auch in einer Anzeige von DEBIS wird mit dem Begriff »least« gespielt: »WER VIEL LEAST, KANN VIEL LEISTEN.«

»DAS GIPS NUR EINMAL.«
Ein etwas flaches Wortspiel für die Marke FERMACELL. Da es hier um Gipsfaserplatten geht, versteht man die Absicht. Zumindest wird die Einzigartigkeit des Produktes betont.

»KAPITALE EXTRAS ZU REVOLUTIONÄREN PREISEN. ICH MAG DEN GOLF JOKER.«
In dieser VW-Anzeige wird mit Reizwörtern aus dem sozialistischen Milieu gespielt. Passend dazu sorgt ein gezeichneter Lenin für zusätzliche Aufmerksamkeit.

»KEINER WÄSCHT WEISER.«
Diese Headline einer AEG-Anzeige nutzt geschickt eine aus der Waschmittelwerbung bekannte Aussage durch eine leichte, aber wesentliche Änderung eines Buchstabens.

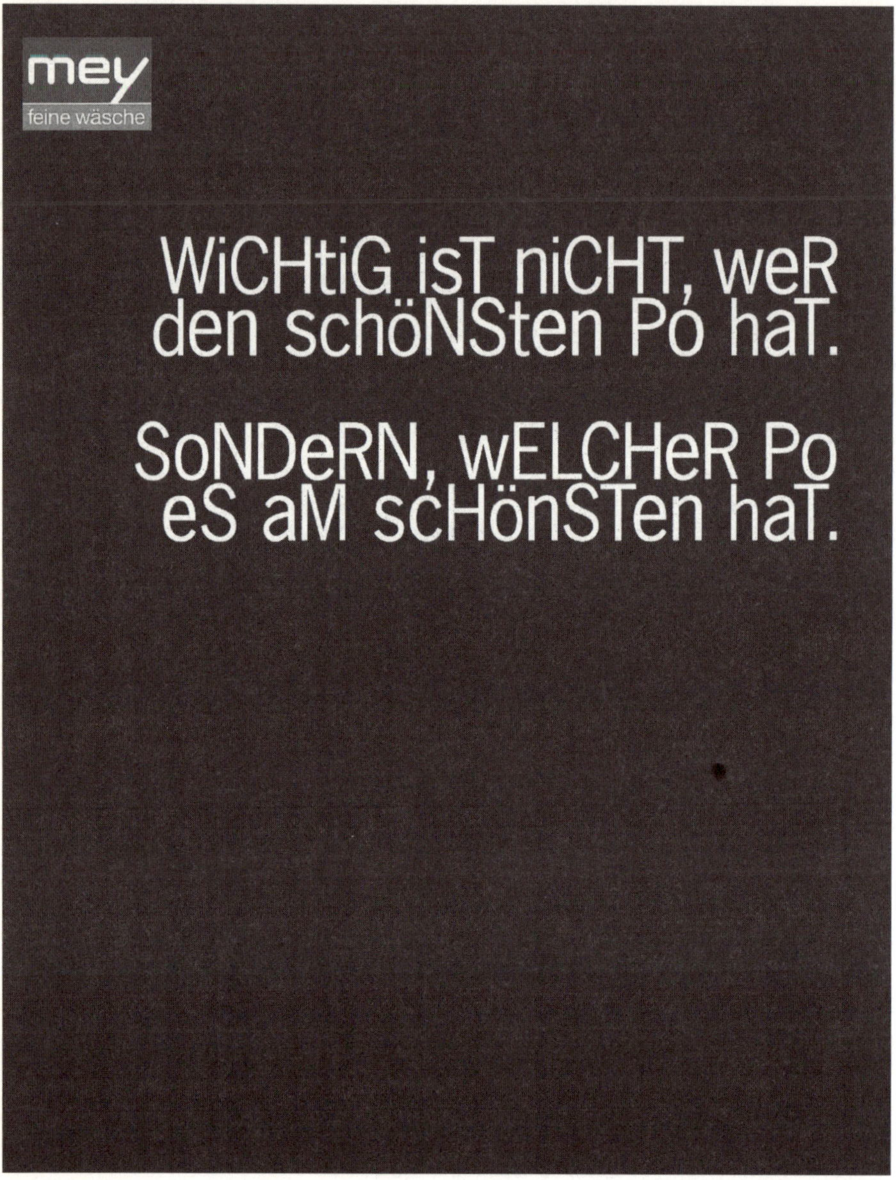


*Ein gelungenes Beispiel für eine Verschiebung. Dass hier die Abbildung des Pos fehlt stört überhaupt nicht und beschwört zusätzlich die Vorstellungskraft des Lesers.*

*Inzwischen ein Klassiker – Headline und Produktabbildung erzählen die Geschichte einer Nacht. Auch ein starkes Beispiel dafür, dass ein Werbeformat wie »Product-as-hero« sich nicht auf langweilige Produktabbildungen beschränken muss. (AGENTUR: KNSK, BBDO, HAMBURG)*

**TAGSÜBER IST RADIOZEIT!**

# Wieviel Mio. DM haben Sie schon in DayTime-TV versenkt?

Wir wissen nicht, welcher Anteil Ihres Budgets in DayTime-TV geht, aber ein Blick in die Nutzerzahlen zeigt, daß DayTime-TV an vielen attraktiven Zielgruppen einfach vorbeigeht. Mediennutzung und investiertes Werbevolumen stehen in klarem Mißverhältnis zueinander.

Wir empfehlen Ihnen effizientes Investment in Ihre Marke mit Radiowerbung:

**Radio addiert tagsüber qualifizierte Netto-Reichweite in starken Zielgruppen.**

**Mit Radio erreichen Sie attraktive Zielgruppen in ihrer Aktivzeit – z.B.: Von 18,32 Mio. Menschen, die außer Haus essen, haben 75 % tagsüber Radio gehört, aber nur 12 % haben DayTime-TV gesehen.**

**Die Investment-Strategie: Tagsüber von 6 bis 18 Uhr ist Radio-Zeit und feierabends TV-Zeit.**

Wir geben Ihnen gerne mehr Fakten:
**Telefon: 069-15424-221**
oder per Internet
**http://www.ARD-WERBUNG.de**

ARD
Werbung
SALES & SERVICES

**DAS ARD RADIONETWORK. WO WERBUNG ARBEITET.**

*Zwei Motive aus einer Fachkampagne von ARD-Werbung Sales & Services. Ein gutes Beispiel für die Fokussierung auf ein Thema und den Einsatz von aufmerksamkeitsstarken Bildern. Die Headlines setzen voll auf Provokation. (AGENTUR: OPPORTUNITY GMBH, KARBEN)*

*Eine Anzeige, in der Bild und Headline erzählend sind und richtig Lust auf Schottland machen. Der Bezug zur Geschichte gibt der Headline eine alleinstellende Dimension.*

*Und: Ein Beispiel dafür,*
*wie gekonnt man einen Coupon integrieren kann. (BTA)*
*(AGENTUR: OGILVY & MATHER, FRANKFURT)*

*Eine informative Anzeige mit einem »Eyecatcher« – die Augen stellen fast zwangsläufig einen Blickkontakt her. Auch ein Beispiel für die saubere Integration eines Coupons (mit Hinweis auf die Möglichkeit, die Anzeige/den Coupon zu faxen). (AGENTUR: OPPORTUNITY GMBH, KARBEN)*

*Das Bild ist Produkt pur. Der Text ist Headline.
Eine Anzeige, die in ihrer schnörkellosen Art alles sagt
und bei der Zielgruppe die letzten Schranken beseitigt.
(Agentur: Klaus E. Küster Werbeagentur, Frankfurt)*

*Manchmal ist Reduktion der Schlüssel zur Wahrnehmung.*
*Mit dieser Anzeige reduziert sich die Frankfurter Rundschau auf ihre Positionierung.*
*(Agentur: Opportunity GmbH, Karben)*

Das Wortspiel bewirkt einerseits Nähe zum Produkt (es geht um Wäschewaschen) und enthält gleichzeitig einen Benefit (technisch perfekte Waschmaschine).

»WIE GELASSEN HAT IHRE HEIZUNG SIE GELASSEN?«
Diese Headline einer VIESSMANN-Anzeige für Heiztechnikgeräte spielt mit dem Wort »gelassen«. Es ist eine der Headlines, die viele Leser zweimal lesen müssen, um den Sinn zu begreifen.

»MIT HP KÖNNEN SIE SICH AUCH BEIM FAXEN KLAR AUSDRUCKEN.«
In dieser Anzeige des Drucker-Herstellers HEWLETT PACKARD bekommt die Headline durch das Weglassen der ü-Striche die klare Richtung. Ob der flüchtige Leser nun »ausdrucken« oder »ausdrücken« wahrnimmt, ist hier im Ergebnis gleichgültig.

Wortspiele und Doppeldeutigkeiten machen jedem Texter Spaß. Natürlich ist die Gefahr des Missverständnisses oder gar Unverständnisses immer groß und in den meisten Fällen funktionieren diese Headlines nur im Zusammenhang mit einem Bild oder zusätzlichem erklärenden Text in der intendierten Verständnisrichtung.

*Wirkungsvoll ist auch die Verfremdung bekannter Formulierungen oder Sprichworte*

Eine weitere Spielart ist die *VERFREMDUNG* von bekannten Aussagen oder Sprichworten. Der Reiz und die Wirkung liegen darin, dass der Leser instinktiv über die ihm bekannte Formulierung stolpert und erst dann die Verfremdung wahrnimmt. Die Gefahren liegen hier in der möglichen Ablehnung der vorgenommenen Verfremdung.

*Beispiele für Verfremdungen*

Hier sind einige Beispiele:

»USER ALLER WELTEN VEREINIGT EUCH!«
Diese Abwandlung der bekannten sozialistischen Kampfparole wurde von der Zeitschrift CHIP als Headline genutzt.

»BORDEAUX. PASST WIE EINGEGOSSEN.«
Diese Headline einer Anzeige für BORDEAUX-Weine nutzt das geflügelte Wort »PASST WIE ANGEGOSSEN.«.

»DU SOLLST NICHT BEGEHREN DEINES NÄCHSTEN MARKTANTEIL.«
Diese Headline einer Anzeige der Zeitschrift WIRTSCHAFTS-

Woche spielt mit einem der Zehn Gebote und könnte bei streng gläubigen Lesern leicht zu Ablehnung führen.

»Wenn zwei sich streiten, freut sich der Dritte. Sie.«
Nur durch den Zusatz des Wortes »Sie« bekommt das von Arcor in der Headline einer Anzeige genutzte Sprichwort eine klare Richtung und öffnet die im folgenden Text dargelegte Qualitätsargumentation.

»Die Erde ist doch eine Scheibe.«
Diese Headline aus einer Lufthansa-Anzeige »bremst«. Wer denkt nicht sofort an Gelerntes aus dem Geschichtsunterricht?
Mit der gleichen Anleihe in der Geschichte, aber einer etwas anderen Mechanik arbeitet die Headline einer Anzeige von Equitable Life: »Die Renten sind sicher. Und die Erde ist eine Scheibe!« Hier wird die nachweislich falsche Aussage über die Form der Erde zur deutlichen Infragestellung der Aussage über die Renten genutzt. Eine geschickte Mechanik und eine intelligente Umsetzung.

»Wer zu spät kommt, den bestraft der Zinsanstieg.«
Die zugrunde liegende Aussage von Michail Gorbatschow wird gerne und oft bearbeitet. Diese Headline fand sich in einer Anzeige der Vereinsbank.

»Räume werden wahr.«
Im ersten Moment liest man bei dieser Headline auf einem Opel-Prospekt für großräumige Caravans das erwartete Wort »Träume«. Ein geschicktes und sicher wirkungsvolles Spiel mit einer Redewendung.

*Zu subtile Veränderungen laufen Gefahr, von Schnelllesern nicht bemerkt zu werden*

Gleichzeitig sei hier auf eine der Gefahren mit dem Verändern von feststehenden Aussagen hingewiesen. Da wir es zunehmend mit »Schnelllesern« zu tun haben, die Worte und ganze Sätze ganzheitlich erfassen, besteht bei zu subtilen Veränderungen immer die Gefahr, dass die Veränderung gar nicht bemerkt wird und dann die beabsichtigte Information nicht ankommt.

*Die richtige Verschiebung erzeugt in der Regel überzeugende Bilder und dramatische Effekte.*

## Verschiebung – das Geheimnis der Ebenen

Das Prinzip der Verschiebung wird schnell deutlich, wenn man sich Headlines von Boulevardzeitungen daraufhin anschaut. Eine Headline wie »McDonald's jetzt auch für Maos Kinder« lebt von den beiden unterschiedlichen, fast konträren Ebenen »McDonald's = westliche Fastfood-Philosophie/ Kapitalismus« vs. »Mao und Kommunismus«. Eine sachlich durchaus mögliche Headline wie beispielsweise »McDonald's jetzt auch in China« fällt dagegen deutlich ab, hat kaum Reibungsfläche und erzeugt auch kein richtiges, spannendes Bild. Die Inhalte der Ebene »Maos Kinder« sind vielschichtig; man spürt die »revolutionäre« Veränderung und den Widerspruch in sich. Es werden Frage- und Ausrufezeichen erzeugt.

Einige weitere Beispiele für gekonnte Verschiebungen in der Headline:

*Beispiele für gekonnte Verschiebung*

»Wir freuen uns auf jeden, den wir ohne Ticket erwischen.« (Lufthansa)
Hier treffen zwei Wortebenen aufeinander – »freuen« und »erwischen« sind Reizwörter, die eigentlich nicht unter einen Hut zu bringen sind.

»Männermode für alle, die Dow Jones von Tom Jones unterscheiden können.« (Atelier Torino)
Durch die Verschiebung wird das Thema »Männermode« in eine eigenartige Dimension gehoben. Hinzu kommt ein schönes Wortspiel mit dem Börsenindex »Dow Jones« und dem Sänger »Tom Jones«, das sicherlich einige Leser innehalten lässt.

»Christlicher Terminator« (Headline im Spiegel)
Vielleicht das beste Beispiel für Verschiebung, weil es auch das drastischste ist. Die Ebenen »Christlich« und »Terminator« liegen so weit auseinander, dass durch ihre direkte Verbindung eine echte Spannung entsteht.

»Vertrauter Feind« (Filmtitel)
Auch hier treffen zwei gegensätzliche Ebenen aufeinander und geben dem Filmtitel Spannung.

»Dallas an der Ruhr« (Headline aus Focus)
Die Verbindung zwischen dem, was man mit »Dallas« verbindet (bekannte TV-Serie mit Intrigen um Öl und Macht) und dem eher provinziellen Ruhrpott erzeugt Spannung.

»Rolle zu vergeben« (3M Klebeband)
Die platte Verschiebung; hart an der Grenze zur reinen Doppeldeutigkeit.

»Wenn Ihnen ständig etwas nicht passt, sollten Sie mal eine andere Hose probieren.« (Gardeur)
Verschiebung und Doppeldeutigkeit sind hier miteinander kombiniert. Und gleichzeitig ist es eine Headline mit einem relativ klaren Benefit: Gardeur-Hosen passen.

»Führen Sie Ihrem Körper die wichtigsten Stoffe in ausreichender Menge zu.« (Joker Jeans)
Ein wunderschönes Beispiel für eine Verschiebung, die im Zusammenhang mit dem Markennamen und einer Produktabbildung an Überraschung gewinnt.

»Am Ende der Woche haben Ihre Männer die Hosen voll« (Mewa)
Die Verschiebung in eine etwas unappetitliche Ebene erzeugt ohne Frage Neugierde und führt zum Lesen. Erst im Text löst sich die Verschiebung auf – es geht um im Laufe der Woche verschmutzte Arbeitskleidung.

»Fair statt ungefähr« (Arcor)
Hier finden Wortspiel und Verschiebung in einem statt. Im ersten Moment klingt die Headline ganz normal, im zweiten Moment denkt man über die ungewöhnliche Verbindung der Worte nach – was hat »fair« eigentlich mit »ungefähr« zu tun? Erst der folgende Text löst diese Frage auf.

»So also sehen geile Säcke aus.« (Lucas)
Hier haben wir die Verschiebung, das Wortspiel und einfaches Umgehen mit der Umgangssprache in einem. Diese Headline in einer Anzeige von Lucas für Seesäcke (die auch groß abgebildet sind) provoziert die Assoziationsebene, die im Umgangssprachlichen liegt und bei manchem Leser in eine ganz andere, wenig attraktive Richtung geht. Allein die Abbildung der Seesäcke sorgt schnell für die richtige Richtung und ein Schmunzeln.

*Besonders wirkungsvoll sind Verschiebungen, wenn die Verschiebung zwischen Headline und Bild stattfindet*

Richtig dramatisch können Verschiebungen sein und wirken, wenn die Verschiebung zwischen Headline und Bild gesucht wird (wie beim Beispiel Joker Jeans, wo erst durch die Abbildung der Jeans die Headline klar und überraschend wird).

## 5.3 Die Body-Copy – der Fließtext

Jeder in der Werbung kennt das Vorurteil »Niemand liest den Text!« und allzu häufig ist dies tatsächlich kein Vorurteil, sondern Tatsache. Und wenn dem so ist, dann sind die Ursachen relativ einfach zu identifizieren: Uninteressante, langweilige Headlines, ein Low-interest-Produkt (Produkt, über das die Zielgruppe schon alles weiß bzw. das man ohne viel Nachdenken kauft), die Headline sagt alles und lädt nicht zum Lesen ein, der Text ist per Gestaltung/Typografie extrem leseunfreundlich, die erste Zeile des Textes ist abschreckend langweilig oder die ganze Anzeige ist langweilig, etc. etc.

*Vorurteil:*
*Niemand liest den Text*
*Tatsache:*
*Jede Anzeige und jeder Text muss sich die Leser buchstäblich »erobern«*

Es führt kein Weg daran vorbei, dass jede Anzeige und damit auch jeder Text sich seine Leser erobern muss. Die Entscheidung, ob eine Anzeige oder ein Prospekt viel oder wenig Text enthalten soll, muss schon in der konzeptionellen Phase fallen bzw. wird in der Regel durch das Produkt sowie die Informationsanforderungen der Zielgruppe vorgegeben. Oft merkt der Texter bereits beim Schreiben eines Textes, ob die Anforderungen an den Text überzogen sind oder nicht – über einen Schokoriegel lässt sich normalerweise weniger schreiben als über eine neue Waschmaschine.

Während die Quantität (welche Länge hat ein Text?) in der Regel sehr schnell über die zugrunde liegenden Fakten einzugrenzen ist, ist die Qualität von Texten ein Thema ohne Ende.

David Ogilvy hat in seinem Buch »Ogilvy über Werbung« den entscheidenden Hinweis für die wichtigste Anforderung an erfolgreiche Texte gemacht. Er schreibt:

> *»Wenn Konsumenten Ihren Text lesen, dann sind sie meistens allein. Stellen Sie sich deshalb vor, Sie würden jedem Einzelnen im Namen Ihres Kunden einen Brief schreiben und ihn direkt ansprechen.«*

Werbung ist per se persuasive Kommunikation und entsprechend ist es die Aufgabe von Texten zu überzeugen, d. h., dem durch Produktinteresse, die Headline oder das Bild aufmerksam gewordenen Betrachter soll der Fließtext die

*Der Sinn von Texten ist es zu überzeugen*

richtigen Argumente in der richtigen Form iefern. Es gibt keine allgemein gültigen festen Regeln für gute und überzeugende Texte (abgesehen von sprachlichen Regeln) und wie bei Bildern unterliegen Texte auch geschmacklichen Beurteilungskriterien sowie natürlich dem Zeitgeist.

So wie sich die gesamte Anzeige, der Prospekt oder das Plakat nach der klassischen Formel AIDA aufbauen lassen, kann man diese Formel (in leicht abgewandelter Form) auch für die Anlage eines Textes verwenden.

**AIDA** steht für

**A** = Attention – Achtung/Aufmerksamkeit erzeugen/Aufmerksamkeit bekommen
(bezogen auf einen Text: Der Einstieg muss Aufmerksamkeit erzeugen, so stark, dass man weiterlesen will.)

**I** = Interest – Interesse für das Angebot wecken
(bezogen auf einen Text: Durch die Art und Weise des Textes, durch die Informationen muss das Interesse bis zum Ende des Textes erhalten bleiben.)

**D** = Desire – den Wunsch nach dem Produkt/der Leistung auslösen
(bezogen auf einen Text: Das mit dem Lesen des Textes deutlich gewordene latente Interesse am Produkt sollte konkretisiert bzw. in einen Besitzwunsch gewandelt werden.)

**A** = Action – Erzeugung von Aktivität/Aktionsaufforderung
(bezogen auf einen Text: Der Leser soll mit einer konkreten Aktionsaufforderung aus dem Text entlassen werden.)

*Die Anwendung der AIDA-Formel ist eine Hilfe für die Überprüfung der Wirksamkeit von Texten*

Diese einfache Formel ist gerade für Anfänger im Textbereich sowie für jeden, der Text beurteilen muss, eine wertvolle Hilfe, weil sie als ein prüfbares, abfragbares Raster für jede Art Text genutzt werden kann. Natürlich hilft die Anwendung dieser Formel auch dabei, statt netter Prosa einen Text mit Wirkung zu erarbeiten. Denn auch der schönste Text mit den schönsten Formulierungen unterliegt der Forderung nach Wirkung im Sinne der Kommunikations-Zielsetzungen.

Die folgenden Punkte sollen beim Schreiben und Beurteilen von Texten helfen.

### 5.3.1 Welche Informationsbedürfnisse haben Ihre Adressaten?

Im Zusammenhang mit dem Text gibt es klare, auf die jeweilige Zielgruppe abgestimmte Bedürfnisse und von der Produktkategorie abgeleitete Anforderungen, die erfüllt werden müssen, um das jeweilige Informations- bzw. Überzeugungsziel zu erreichen. Dies betrifft zum einen ganz faktische Aspekte, die sich aus dem Produktfeld und den Ansprüchen, der Interessenlage sowie dem Typus der Zielgruppe ergeben; z. B.:

*Anforderungen an Texte, die sich aus der Art der Zielgruppe ergeben*

- Für Kinder und Jugendliche sind lange, komplizierte Texte wenig geeignet. Kinder und Jugendliche sind zunehmend bildorientiert (nicht umsonst sprechen Wissenschaftler von einer neuen Form des Analphabetismus). Zusätzlich muss man sich Gedanken über sprachliche Eigenheiten dieser Zielgruppe machen. Die so genannte »Jugendsprache« sollte man allerdings nur benutzen, wenn man sich sicher ist, dass man wirklich auf der Höhe der Zeit und der Zielgruppe ist.
- Für die Ansprache von Investitionsentscheidern sind eher sehr faktische Texte gefragt. Diese Texte können durchaus auch länger sein, müssen aber durch eine klare Struktur auf die Zeitknappheit dieser Zielgruppe Rücksicht nehmen.
- Texte für High-interest-Produkte (Produkte, bei denen man möglichst viele Fakten und Informationen haben will; z. B. teure Uhren oder Autos) können durchaus lang sein, müssen aber das erhöhte Informationsbedürfnis der Zielgruppe befriedigen.

*Die jeweilige Zielgruppe und ihr Informationsbedürfnis und nicht der Produktmanager bestimmen, wie ein Text sein soll*

Der gute Texter muss sich in die Zielgruppe versetzen können, muss sie genau kennen und vor allem in ihren Verhaltensweisen verstehen. Er muss den Text für die eine definierte Zielgruppe maßschneidern.

Man schaue sich als ein Beispiel für die bewusste Unterschiedlichkeit von Texten einmal die beiden Nachrichtenmagazine Spiegel und Focus an. Während Focus viele kürzere und populärer geschriebene Artikel (meist ein- bis zweiseitig) hat, findet man im Spiegel längere Artikel. Zusätzlich arbeitet Focus mit mehr farbigen Bildern und ist im Auftritt näher an den klassischen Illustrierten. Mit dieser gezielten Differenzierung vom SPIEGEL hat es FOCUS geschafft, eine eigene Zielgruppe anzusprechen, und konnte sich erfolgreich im Markt etablieren (obwohl viele Experten bezweifelten, dass in Deutschland ein Markt für ein zweites großes Nachrichtenmagazin sei). Ähnlich kann man deutliche Unterschiede zwischen nationalen Tageszeitungen wie der FAZ, der SÜDDEUTSCHEN und DIE WELT feststellen.

*Anforderungen an Texte, die sich aus der Art zu befördernder Inhalte und Informationen ergeben*

Die zweite Differenzierungsebene betrifft das Umgehen mit den Inhalten und den Informationen – was interessiert den Adressaten und was kann ihn dazu bewegen, im intendierten Sinne zu handeln bzw. sein Verhalten zu ändern. Sehr gute Beispiele für die differenzierte Bearbeitung von Inhalten liefert die Autoindustrie. Für die Zielgruppe »Männer« spielen technische und leistungsorientierte Aspekte eine weitaus wichtigere Rolle als für die Zielgruppe »Frauen«, die mehr an praktischen und ästhetischen Details interessiert ist. Die Anzeige für das Auto X in der Frauenzeitschrift BRIGITTE sollte sicherlich andere Akzente setzen als die Anzeige für das gleiche Auto in der Zeitschrift AUTO, MOTOR, SPORT.

Je nach Produktkategorie haben Details und damit längere oder kürzere Texte ihre Wichtigkeit. Die Zielgruppe ist per Erfahrung auf bestimmte Grundinformationen *KONDITIONIERT* (eingestellt, ausgerichtet). Sie braucht diese Informationen, um vergleichen zu können und Präferenzen aufzubauen. (Beispiel: Bei Computern wird jeder potenzielle Interessent nicht nur auf den Preis schauen, sondern er wird bestimmte Leistungsmerkmale wie z.B. Prozessorgeschwindigkeit, Festplattengröße und Bildschirmgröße zwingend erwarten). Natürlich sollte man sich davor hüten, Selbstverständlichkeiten und Banalitäten sinnlos auszuwalzen oder lange Texte ohne Inhalt zu produzieren.

*Die Gefahr, dass ein Text nicht gelesen wird, wird nur noch übertroffen von der Gefahr, dass der Leser nach dem Lesen des Textes tief frustriert ist, weil ihm seine Zeit »gestohlen« wurde*

Es ist mehr als eine Empfehlung, sich vor dem Schreiben von Texten mit der Zielgruppe sowie ganz spezifisch mit dem Informations- und Leseverhalten der Zielgruppe auseinander zu setzen. Konkret kann man dies sehr gut durch reine Beobachtung tun (in Wartezimmern kann man alle Typen finden: den *SCHNELLLESER*, den *BLÄTTERER*, den *INTENSIV-WORT-FÜR-WORT-LESER*, den *AN-LESER*, den *BILD-GUCKER*, etc.) oder noch besser ist das Lesen von entsprechenden Zielgruppen-Zeitschriften. So bekommt man z.B. ein ganz gutes Bild von den 14- bis 16-jährigen Jugendlichen und ihrem Anspruch an Texte, wenn man sich mal mit einer Zeitschrift wie Bravo beschäftigt oder hin und wieder in die Programme der Musiksender Viva oder MTV schaut.

*Begutachten Sie Medien, die von Ihrer Zielgruppe genutzt werden, um sich ein Bild von deren Informationsverhalten machen zu können*

Im direkten Zusammenhang mit der richtigen Adressierung ist natürlich auch die glaubwürdige Darstellung der Marke bzw. des Angebots zu sehen. Ein gutes Beispiel hierfür ist die Bankenwerbung. Nur mit einem veränderten Stil gegenüber ihrem normalen Auftritt schaffen es Banken, die Zielgruppe der Jugendlichen für ihr Angebot zu interessieren. Gleichzeitig muss der Texter das Image der jeweiligen Bank im Blick haben – es wäre fatal, wenn die grundsolide Bank plötzlich im »Punk«-Stil aufträte, nur um sich damit bei Jugendlichen anzubiedern.

### 5.3.2 Text mit Stil

Der gute Lesefluss eines Textes wird in erster Linie vom Schreibstil und dem Durchhalten des Schreibstils beeinflusst.

*Auch der Stil eines Textes muss sich vorrangig am Adressaten orientieren. Die Fähigkeit im Stil zu variieren, macht den wirklich guten Texter aus.*

Wie viel Humor verträgt Damenhygiene? Und wie sachlich-faktisch kann man über die neue Fun-Uhr von Swatch schreiben, ohne an der jungen Zielgruppe vorbeizutexten? Nein, es gibt keine feste Regel hierfür, aber Ihre Zielgruppe, das Produkt selbst, das angestrebte Image und sehr oft auch die Einstellung der Produktverantwortlichen zum Produkt und zur eigenen Firma bestimmen den Stil und die Diktion.

*Der Stil oder die Diktion: Sachlich-faktisch oder humorig – die Adressaten bestimmen den Stil*

In der Praxis wird der Stil des Textes durch folgende stilbildenden Eigenschaften geprägt:

*stilbildende Eigenschaften von Texten*

- *Satzbau:* Kurze Sätze oder lange, verschachtelte Sätze oder Sätze im Stakkato-Stil (aneinander gereihte Halbsätze). Der Satzbau bestimmt in hohem Maße die gute Lesbarkeit des Textes.
  So führen verschachtelte Sätze zu schneller Ermüdung, weil man oft nur mit hoher Konzentration den Faden behält. Die Aneinanderreihung von Kurz- oder Halbsätzen lässt

*Die Art des Satzbaus bestimmt den Lesefluss*

keinen richtigen Textfluss aufkommen und führt eher zu selektivem Lesen.

*Die Wahl der Ansprache macht einen Text persönlich oder unpersönlich, sachlich oder abgehoben und distanziert*

- *ANSPRACHE:* Wählt man die *DIREKTE ANSPRACHE*, kann dies u.U. belehrend wirken (»NEHMEN SIE DAS NEUE WASCHMITTEL...). Alternativ gibt es die *»WIR«-FORM* (»WIR EMPFEHLEN...«) und die *NEUTRAL ERZÄHLENDE FORM* (»MIT DIESEM PRODUKT ERHÄLT MAN...«).
  Jede Form der Ansprache hat ihre Vorteile und ihre Gefahren. Die direkte Ansprache z.B. involviert und adressiert den Leser ganz direkt, während die neutrale Ansprache dem Leser eine gewisse Distanz erlaubt. Die Wahl der Ansprache macht einen Text persönlich oder unpersönlich, sachlich oder abgehoben und distanziert. Bei der persönlichen Ansprache ist häufig die Frage nach dem »Sie« oder »Du«. Grundsätzlich sollte man immer sehr vorsichtig mit der Verwendung des »Du« sein – es wirkt sehr schnell kumpelhaft und anbiedernd (übrigens auch in Richtung von Jugendlichen).

*Der Stil, die Diktion verleiht jedem Text seine individuelle Note*

- *DIKTION:* Sachlich-faktisch, locker, blumig oder trocken, schmalzig, humorig oder leicht ironisch – die gewählte Diktion gibt dem Text eine eigene Note. Nur wenige Texte beherrschen den Wechsel, meist hat jeder Texter eine von ihm präferierte und gepflegte Diktion, die sich im Laufe von Jahren verändert. Ähnlich wie bei Schriftstellern oder Journalisten durchläuft auch ein Texter Entwicklungsphasen und es ist sehr schwer von einem hervorragend sachlich-faktisch schreibenden Texter einen tollen, leicht ironischen Text zu bekommen. So hart es klingt: In solchen Fällen sollte man einen anderen Texter mit der Aufgabe betrauen.

*Die Wahl der richtigen Worte bringt den Text wirksam auf den Punkt*

- *WORTWAHL:* Die richtigen Worte an der richtigen Stelle machen den guten, wirksamen Text aus. Gute Texter unterscheiden sich von den weniger guten Textern durch ihren aktiven Wortschatz und das gekonnte Umgehen damit. Der Gebrauch von Adjektiven, die Verwendung von Fremdworten oder die Einstreuung von englischen oder anderssprachlichen Begriffen bestimmt den Stil. Die wahllose Wiederholung von Worten oder die Beschränkung auf wenige Reizworte gibt Texten eine bestimmte Note. Aber mehr dazu später (siehe Kap. 5.3.5).

Der Stil eines Textes muss dem Vorstellungsbild – dem Image – des Produktes oder der Marke entsprechen und dies Vorstellungsbild pflegen und bilden. Der Text für die Marke Rolex muss zwangsläufig in einem anderen Stil sein als der Text für die Marke Swatch.

*Der Stil eines Textes muss dem Image einer Marke entsprechen*

Natürlich unterliegen Textstile auch allgemeinen sprachlichen Entwicklungen, die sich zum Teil noch von Branche zu Branche unterscheiden. So hat sich im Sportartikelmarkt mit der Werbepräsenz von Nike und Reebok auch der Stil der anderen Anbieter verändert. Im Bereich der Computerindustrie sind englische Fachbegriffe und gemischtsprachliche Texte an der Tagesordnung. Die fließende Übernahme umgangssprachlicher Neuerungen erfolgt im Bereich der Werbetexte genauso wie im journalistischen Bereich (... auch wenn dies oft nicht unbedingt im Sinne der Pflege der deutschen Sprache ist).

Auch wenn der Stil eines Textes vorrangig »mit dem Bauch«, also eher gefühlsmäßig beurteilt wird, sollte man sich als Texter angewöhnen, jeden Text gezielt entsprechend der stilbildenden Faktoren zu überprüfen und zu redigieren.

### 5.3.3 Auch Text braucht Dramaturgie

Der Text muss dramaturgisch und inhaltlich so aufgebaut sein, dass der Leser einfach und ohne es richtig zu merken von der ersten bis zur letzten Zeile gefesselt ist und durch den Text geleitet wird. Dies ist natürlich ein hoher Anspruch für »Werbetexte«, aber nur wenn man sich diesem Anspruch stellt, hat der Text eine echte Chance ganz gelesen zu werden.

*Dramaturgie* bedeutet im Zusammenhang mit Text, dass man mit jedem Satz den Leser mehr an den Text bindet und gleichzeitig die erwarteten Informationen abgibt.

*Eine geschickt umgesetzte Dramaturgie »zieht« den Leser in den Text*

Die besten Beispiele hierfür findet man im journalistischen Bereich: Der Aufbau von Artikeln im Spiegel oder in der FAZ zeigt, wie man durch die richtige Gewichtung von harten Informationen, von Erläuterungen zu den Informationen und Wertungen zum einen Spannung aufbaut und zum anderen die Befriedigung des Informations- und Unterhaltungsbedürfnisses erreicht.

*Wichtig ist das geschickte Zusammenspiel der beiden Faktoren Unterhaltungswert und Informationswert*

### Der richtige Einstieg in das Drama

*Finden Sie die erste Zeile!*

Das Schwierigste an jedem Text ist die erste Zeile. Diese erste Zeile ist nach der Headline der entscheidende Punkt für das Lesen, das Weiterlesen oder das Abschalten. Für die meisten Texter ist dieser erste Satz auch der zeitaufwändigste Teil des Schreibens.

Hier als Beispiel eine Anzeige von Uniroyal:

*Headline:* Ein guter Winterreifen kommt auch bei Nässe nicht ins Schwimmen.

*Text:* Erst starke Schneefälle und festgefahrene Schneedecken. Dann plötzlich Tauwetter mit Schneematsch. Und dann wieder Regen ...

Bereits die Headline thematisiert die Winterproblematik. Der Einstieg in den Text sorgt dafür, dass dem Leser die Problematik des Winters in Deutschland bewusst und sinnfällig vor Augen geführt wird. Gleichzeitig wird hiermit für positive Zustimmung gesorgt: Jeder kennt das textlich umgesetzte üble Wechselspiel zwischen Nässe und Frost.

Der Text läuft wie folgt weiter:

*Text:* Der Winter in Deutschland steckt voller Überraschungen. Deshalb hat Uniroyal als Spezialist für Regenreifen ein Konzept für jedes Winterwetter entwickelt, das Ihnen das Plus an Sicherheit bietet: nicht nur auf Schnee und Eis, sondern auch bei Nässe, dem häufigsten Strassenzustand im Winter.

Nach der Problemdarstellung und einer Zwischenzusammenfassung folgt konsequent die Produktlösung von Uniroyal und natürlich der besondere Benefit.

Dieser bewusst als Beispiel gewählte eher gewöhnliche Text zeigt bereits, wie wichtig bei der Dramaturgie des Textes die Einbeziehung der Reaktion des Lesers ist (in diesem Fall die bewusste Herbeiführung von Zustimmung). Der Text führt den Leser zur Lösung und tut dies zwar sehr sachlich und unspektakulär, aber in involvierender, netter Weise.

Könnte man den Text auch anders schreiben? Natürlich und ohne große Probleme, z.B. so:

EHE SIE STÄNDIG VOM WINTERREIFEN AUF DEN REGENREIFEN WECHSELN, SOLLTEN SIE DEN WINTERREIFEN WÄHLEN, DER AUCH AUF NASSER FAHRBAHN SICHERHEIT BIETET. DENN GENAU DEN BRAUCHEN SIE BEI DEUTSCHLANDS WECHSELHAFTEM WETTER. UNIROYAL HAT DEN WINTERREIFEN MIT DEM PLUS AN SICHERHEIT BEI NÄSSE FÜR SIE ENTWICKELT. DAMIT SIE NICHT STÄNDIG WECHSELN MÜSSEN ...

Dieser zweite Text kommt erkennbar schneller und weniger charmant zum Punkt. Von der Dramaturgie her ist er weniger spannend und damit auch etwas weniger involvierend. Andererseits beginnt er mit einer Provokation zum Widerspruch (... wer denkt schon daran, in der Winterzeit ständig seine Reifen zu wechseln) mit klarer Empfehlung.

Ein anderes Beispiel aus einer Anzeige von NOLTE MOEBEL-INDUSTRIE:

*HEADLINE:* UNSERE SCHRÄNKE HABEN VIELE LIEBHABER: DRINNEN WIE DRAUSSEN.

*TEXT:* DAS IST EINFACH ZU ERKLÄREN. DENN NOLTE-SCHRANKSYSTEME SIND NICHT NUR VIELFÄLTIG EINSETZBAR, SONDERN BIETEN AUCH VIEL PLATZ. ZU IHRER HERSTELLUNG BRAUCHEN WIR ÜBRIGENS WENIGER ROHSTOFFE, WENIGER ENERGIE, WENIGER WASSER: EIN MEILENSTEIN AUF DEM WEG ZUR ÖKOLOGISCHEN FÜHRERSCHAFT ...

Dies ist ein Beispiel für vertane Chancen und wenig Dramatik im Text. Nachdem die Headline mit einer kleinen, netten Schlüpfrigkeit arbeitet (der Liebhaber drinnen) und damit für Aufmerksamkeit sorgt, wird im Text kaum bzw. sehr unterkühlt darauf eingegangen. Für den durch die Headline und das dazugehörige Bild (attraktive Frau beim Anziehen von Strümpfen) gestoppten Leser entpuppt sich der Text als echte kalte Dusche. Die vielen folgenden Informationen zu ökologischer Führerschaft, Recycling etc. sind sicherlich hochinteressant und wichtig, aber wie viele Leser werden den Text nach enttäuschter Erwartungshaltung bis dahin lesen? Richtiger wäre es gewesen, den »Liebhaber« auch im Text als dramaturgischen Ausgangspunkt bzw. als Bindeglied zu nutzen und damit das Interesse am ganzen Text zu erhalten bzw. dem Text die gleiche Kraft wie der Headline zu geben.

### 5.3.4 Suchen Sie die Argumentationskette

*Die Argumentationskette ist der Kitt, der Ihren Text zusammenhält und dem Leser den Nachvollzug Ihrer Information erleichtert*

Bevor Sie anfangen zu texten, sollten Sie sich über Ihre *ARGUMENTATIONSKETTE* im Klaren sein. Welche Argumente und Informationen müssen in den Text? Gibt es logische Verknüpfungen, die zwingend sind oder dem besseren Verständnis dienen? Ist die Argumentationskette schlüssig? Nimmt die Argumentationskette Ihren Benefit und den Reason-Why richtig auf? Welche Information, welches Argument oder welcher einzelne Punkt in der Argumentationskette bietet die größte Reibungsfläche? Schreiben Sie sich die Argumente in der Ihrer Meinung nach richtigen Reihenfolge hin und arbeiten Sie sie systematisch ab. Am Beispiel des bereits besprochenen Textes von UNIROYAL kann man dies gut anschaulich machen:

| | |
|---|---|
| *BENEFIT:* | UNIROYAL Winterreifen bieten ein Plus an Sicherheit: Sicher bei Schnee, Eis und Nässe. |
| *TEXTPUNKT 1:* | Problemstellung: wechselhaftes Winterwetter – unberechenbar |
| *TEXTPUNKT 2:* | UNIROYAL hat hierfür ein Konzept entwickelt. |
| *TEXTPUNKT 3:* | Problemlösung = Benefit |

Diese einfache, stichpunktartige Gliederung der wesentlichen Textpunkte erleichtert das Erarbeiten des Textes.

Es empfiehlt sich, diese Argumentationskette vor dem Schreiben des Textes abzustimmen.

### 5.3.5 Worte. Worte. Worte.

*Trotz der Überflutung mit Bildern sind es WORTE, an die man sich erinnert und die Bedeutungswelten assoziativ erschließen*

Im laufenden Zeitalter der Bilder und Bildwelten haben Worte scheinbar an Wert verloren. Tatsächlich aber sind es Worte, *an* die man sich erinnert oder *mit* denen man sich erinnert. Worte sind präziser als Bilder, dabei aber ähnlich wie Bilder voller individuell abrufbarer Unterbedeutungen und Assoziationen. Mit Worten werden Erinnerungen und Bilder verbunden. Im Umgang miteinander sind es Worte, die für gute oder schlechte Stimmung, für Information und Kommunikation sorgen, denn es ist auch im Zeitalter der digitalen Kommunikation schwer vorstellbar, dass man nur noch über Bilder oder Bildsignale kommuniziert.

*Für das treffende Wort gibt es keinen Ersatz. Die Wahl der Worte bestimmt die Trefferquote bei der Zielgruppe.*

Texten ist in erster Linie der gekonnte Umgang mit Worten – mit Worten, die vor allem die Zielgruppe kennt und versteht. Das wirklich Wesentliche beim Texten ist die Suche nach den treffenden Worten, nach den Worten, die umgangssprachlich den Punkt treffen. Kein Mensch spricht wirklich vom »Geldinstitut«, man spricht von der »Bank«; man sagt nicht »und der Lederball rollt«, sondern »und der Ball rollt«.

Ein Text für EDV-Fachleute sollte natürlich Fachbegriffe nutzen, um u.a. die notwendige Kompetenz zu vermitteln. Und wenn die Anzeige in Richtung Gourmets geht, dann sollte man tunlichst nicht von »Suppe« sondern vielleicht von einer »Consommé« schreiben. Geht die Anzeige dagegen in Richtung Hausfrauen, so ist das Wort »Consommé« völlig daneben. Bei den jüngeren Zielgruppen wird man ohne Probleme auch mit den IN-Worten (Worte/Begriffe, die für eine bestimmte Zeit hochaktuell sind) arbeiten – z.B. » ... cool down mit elektrischen Fensterhebern« in einer Anzeige für einen flotten Kleinwagen. Dass der Begriff »cool down« z.B. in einer Mercedes-Anzeige dagegen etwas deplatziert wirken würde, ist mit Blick auf die Zielgruppe dann wieder nahe liegend.

*Der aktive Wortschatz wird zu 85% von der Umgangssprache bestimmt, die restlichen 15% sind Fachbegriffe, die im Beruf oder durch Lesen hinzukommen*

Die Suche nach den richtigen Worten an der richtigen Stelle führt häufig zu sehr gedrechselten, unnatürlich wirkenden Texten. Das Beispiel einer Anzeige von Daihatsu verdeutlicht dies vielleicht:

»Das least sich gut: Nur-59-Mark-im-Monat-Leasing!« – ein nettes Wortspiel (»least« und »liest«) mit einem klaren Angebot in der Headline. Im Text finden sich dann Begriffe und Worte wie »Mietsonderzahlung«, »Monatsrate« (der in der Headline genutzte Begriff »Leasing« taucht im gesamten Text nicht mehr auf), »Summa summarum ... Gönn'-Dir-viel-und-bezahle-wenig-Tarif« und »fürs Wohlfahren und Gutfühlen, fürs Einkaufen und Ausflügeln«. Beim Schreiben dieses Textes wurden im wahrsten Sinne des Wortes alle Register gezogen. Konstruierte Worte wie »Wohlfahren« und »Ausflügeln« wechseln sich ab mit Begriff-

*Tun Sie zu viel des Guten, verwässern Sie Ihren Text*

lichkeiten aus den Geschäftsbedingungen. Man hat sehr schnell das Gefühl, dass hier nicht ein Texter einen Text geschrieben hat, sondern dass hier ein Textpuzzle von mehreren Beteiligten zusammengesetzt wurde.

*Welches Vokabular darf man voraussetzen und welches nicht?*

Ein anderes Beispiel: In einem Text für eine elektrische Zahnbürste findet sich eine Vielzahl von Begriffen, die kaum zum Vokabular des normal gebildeten Konsumenten gehören dürften und auf die im Text auch nicht weiter erklärend eingegangen wird. Was fängt man mit Begriffen wie »ZAHNMEDIZINISCH OPTIMIERTE AUFSTECKBÜRSTE«, »AKUSTISCHE ANPRESSDRUCKKONTROLLE« oder »ZAHNMEDIZINISCH EMPFOHLENER PUTZDRUCK« an? Immer wieder stellt sich die Frage, welches Wissen über ein Produkt kann man voraussetzen und welche Worte/Begriffe sind bereits durchgesetzt bzw. inhaltlich eindeutig etabliert. Die große Gefahr liegt hierbei darin, dass man zu oft von sich auf den Leser schließt und das im Rahmen der Bearbeitung eines Projektes erlangte (interne) Wissen als allgemein gültiges Wissen voraussetzt.

*Das eigene Wissen und intern genutzte Worte/Begriffe sind selten allgemein gültig*

Wie findet man die richtigen Worte und wie wird aus Worten ein lebendiger, gut lesbarer Text? Hier sind ein paar hilfreiche Tipps:

### SCHON MARTIN LUTHER SAGTE: »SCHAU DEM VOLK AUFS MAUL.«

*Texten Sie nicht über Ihre Zielgruppe hinweg: Sprechen Sie mit ihr oder hören Sie ihr zu*

Man sollte mit der Zielgruppe sprechen. Oder der Zielgruppe einfach mal zuhören – für Texter ist es z.B. immer wieder lehrreich, bei Gruppendiskussionen einfach zuzuhören und dabei mitzubekommen, welche Worte und Begriffe im Zusammenhang mit dem jeweiligen Produkt tatsächlich genutzt werden. Am einfachsten ist es, sich über die Beschäftigung mit den von der Zielgruppe genutzten Medien (Zeitschriften oder TV-Sendungen) mit dem Informations- und Unterhaltungsumfeld und damit mit der »Wortwelt« der jeweiligen Zielgruppe auseinander zu setzen. So ist der Erfolg mancher Fernsehserien bei bestimmten Zielgruppen auch darauf zurückzuführen, dass weniger Traumwelten gezeigt werden, sondern Spiegelbilder des wirklichen Lebens. Man mag beispielsweise über die Serie »Lindenstraße« denken, was man will, für den im Elfenbeinturm der Werbeagentur lebenden Texter ist diese Serie sicherlich eine wertvolle Quelle für das Eintauchen in die Normalität des Lebens seiner Zielgruppen.

*Anlysieren Sie das Informations- und Unterhaltungsumfeld Ihrer Zielgruppen, um sich deren WORTWELTEN zu erschließen*

*Auch wenn schon der Anblick dieser Bohrmaschine das Herz jeden Mannes höher schlagen lässt, die Headline lebt von der Imagination, die von einer 45er Magnum ausgeht (... man kennt sie aus vielen Krimis). (Black & Decker)*

Bei der Suche nach den richtigen Worten helfen Synonym-Lexika.

Welches Wort, welcher Begriff trifft besser oder passt besser in den Text oder zum Produkt? Hier hilft häufig das gezielte Suchen nach alternativen Worten. Statt des relativ trockenen Wortes »Besprechung« könnte man auch die Worte »Gespräch«, »Unterredung« oder »Dialog« nutzen. Der Maßstab ist natürlich immer die gesuchte inhaltliche Dimension und die Frage, ob das gefundene Wort zum Produkt, zur Marke und in den Text passt. (Beispiel: In einer Mercedes-Benz-Anzeige heißt es: »Gut in Schuss für wenig Pulver.« Ob dies Synonym für den Begriff »Geld« wirklich so passend für eine Marke wie Mercedes-Benz ist, scheint sehr fraglich.) Und natürlich muss man sich davor hüten, gezielt die exotischsten Begriffe zu finden, die dem Text zwar »Farbe« geben, aber von niemandem verstanden werden.

Durch die Nutzung von Adjektiven wird ein Text richtig bildhaft.

*Adjektive geben Ihrem Text Farbe, aber übertreiben Sie es nicht*

Offensichtlich ist »ein schöner, neuer Daihatsu« besser als ein einfacher »Daihatsu« und »günstige 1.950 Euro« lesen sich gefälliger als lediglich nur »1.950.– Euro«. Adjektive geben einem Text Farbe (»duftende Rosen« sind wirkungsvoller als einfach nur »Rosen«) und helfen bei der emotionalen Dimensionierung von Informationen. Adjektive konditionieren (siehe »günstige 1.950 Euro) und relativieren bei der Informationsaufnahme. Aber zu viele Adjektive machen einen Text leicht schwülstig und übertrieben.

Vermeiden Sie das Erfinden von Worten um des Erfindens willen.

*Fantasievolle Wortneuschöpfungen sind oft nur ihrem Erfinder verständlich*

Auch wenn Sie Ihr neues Wort richtig toll finden, ist die Gefahr sehr groß, dass es außer Ihnen keiner versteht. Was ist z.B. ein »Fashion-Transporter«? Natürlich, eine Reisetasche! Wortkonstrukte wirken oft gequält und wenig überzeugend. Meistens sind es nur die Erfinder des Wortes, die es verstehen und davon begeistert sind. Natürlich kann man neue Begriffe entwickeln und sie dann mit der notwendigen Erklärungsunterstützung einführen und etablieren. Hierzu gehört auch das Einführen von Fachtermini oder anderssprachlichen Begriffen in die Kommunikation mit den Konsumenten. Begriffe wie »LIGHT«, »PREMIUM« oder auch »LEASING« sind heute allgemein gültig und bedürfen keiner weiteren Erläuterung.

### KLEINE WORTSPIELE SORGEN OFT MEHR FÜR VERWIRRUNG ALS FÜR KLARHEIT.

»FAHRGEFÜHLE WIE ZUCKERGUSS. DAMIT DU NICHT AUFGEHST WIE EIN AIRBAG.« Diese Formulierung hat dem Texter sicherlich viel Spaß gemacht, aber ob sie tatsächlich etwas leistet, darf bezweifelt werden. Das Spiel mit Worten hat dort seine Grenze, wo der Informationsgehalt im Nebel des Wortspiels verschwindet oder es gar in den unverständlichen Bereich geht. Bei »FAHRGEFÜHLE WIE ZUCKERGUSS« fehlen sämtliche Bezugspunkte und Erfahrungswerte, die helfen dieses Fahrgefühl einzuordnen. Und wer denkt bei Zuckerguss nicht eher nur an klebrig und süß?

### FIND YOUR WORD – MUSS ES IMMER ENGLISCH SEIN?

Auch wenn heute Englisch bereits in der Grundschule gelehrt wird, sollten englischsprachige Headlines oder – noch schlimmer – in sonst deutschsprachige Texte eingestreute englische Begriffe die Ausnahme darstellen.

*Texter sollten sich auch für die Pflege der Sprache mitverantwortlich fühlen*

Auch hier ist der Maßstab das Produkt und die Marke sowie die Fähigkeit der Zielgruppe die englischen Begriffe zu verstehen. Dass im Bereich der Werbung und des Marketings das gepflegte Kauderwelsch an der Tagesordnung ist (... wie es sich auch in diesem Buch bei der Verwendung von englischen Fachtermini zeigt – z. B. »Headline« statt »Überschrift«), sollte für den Texter keine Entschuldigung für einen unschönen Umgang mit der deutschen Sprache sein.

Ein schönes Beispiel für das entstehende Kauderwelsch bietet eine Anzeige für das Wintersportgebiet Graubünden in der Schweiz. Hier finden sich Begriffe wie »SNOW-TIME«, »A SMILE FOR YOU« oder als absolute Krönung der Begriff »WINTERPLAUSCH-WEEKENDS«. Warum kann die »SYMPATHISCHE WINTERURLAUBSREGION« keine »WINTERPLAUSCH-WOCHENENDEN« anbieten?

*Die Mischung von Sprachen erbringt selten gute Texte*

## WORTWELTEN – WORTE HELFEN BEIM AUFBAU VON MARKENWELTEN.

*Schlüsselwörter erschließen Wort- und Begriffswelten, die für ein Produkt besetzt werden können*

In vielen Jahren Werbung hat es die Automarke VOLVO geschafft, für sich das Wort »SICHERHEIT« und die Begriffswelt rund um dieses Wort zu besetzen. Mit BMW verbindet man Worte (und deren inhaltliche Bedeutungen) wie Dynamik und Sportlichkeit. Auch wenn heute viel über Bilder und Bildwelten diskutiert wird, haben Worte eine ähnliche Kraft wie Bilder. Bezieht man dies frühzeitig in die konzeptionelle Phase mit ein, so hat man die Chance, die Markenwelt auch mit der Hilfe von Worten aufzubauen und präsent zu halten.

Ähnlich wie im Bereich der Bilder sollte man gezielt Schlüsselwörter suchen, die dann im Verlauf der Kampagnenentwicklung und der Kommunikation durchgehend eine wichtige Rolle spielen. Natürlich empfiehlt es sich unbedingt, diese Schlüsselwörter ähnlich wie Schlüsselbilder in der Zielgruppe auf ihre Stärken zu testen. Auch hier gilt das Wort von David Ogilvy: »*Wissen ist besser als glauben.*«

## TUN SIE VIEL FÜR IHREN AKTIVEN WORTSCHATZ.

*Nur mit einem aktiven, aktuellen Wortschatz können Sie Ihre jeweilige Zielgruppe packen*

Man kann nur mit den Worten arbeiten, die man auch kennt – eine wirklich banale Weisheit. Lesen Sie nicht nur sog. gute Literatur, sondern auch Boulevard-Zeitungen (z. B. die BILD-ZEITUNG), Illustrierte (nicht nur den STERN oder MAX, sondern auch *YELLOW-PRESS*-Titel wie DAS GOLDENE BLATT) oder Comics aller Art. Kinofilme und TV-Serien geben immer wieder Impulse und sorgen ganz unterhaltend für eine stete Erweiterung des Wortschatzes.

Suchen Sie die Gespräche mit Menschen unterschiedlichster Bildung. Wenn Sie viel für jugendliche Zielgruppen arbeiten, dann sollten Sie auch mit Jugendlichen sprechen oder besser sich unter Jugendliche mischen (was manche Texter als Jugendsprache »verbrechen«, ist wenig professionell).

Manche Texter bauen sich im Laufe der Zeit ihre ganz persönliche Synonymdatei und Wortdatei auf. Insbesondere wenn man über längere Zeit in bestimmten Branchen arbeitet, lohnt es sich immer, offen für neue Begriffe und Worte zu sein.

DIE NEUE RECHTSCHREIBUNG

Auch lange nach der Rechtschreibreform haben sich die entsprechenden Regeln noch nicht überall durchgesetzt und es kursieren viele uneinheitliche Schreibweisen. Für Unternehmen und Werbeagenturen ist es daher sehr ratsam, sich auf Schreibweisen, Trennregeln usw. zu einigen und vor allem alle beteiligten Mitarbeiter darüber zu informieren. Insbesondere wenn es um Druckvorlagen für teure Anzeigen geht, muss man sich schon deshalb einig sein, weil es ansonsten permanent zu Diskussionen um Regressforderungen kommt (was ist ein Fehler, wer ist verantwortlich und wer muss folglich die neuen Druckfilme bezahlen?).

*Rechnen Sie mit den Tücken der neuen Rechtschreibung und beschäftigen Sie sich aktiv damit*

Gleichzeitig sollte man damit rechnen, dass man häufiger von Geschäftsfreunden auf vermeintliche Rechtschreibfehler in Anzeigen oder Broschüren angesprochen wird. Die Empfehlung: Das *CORPORATE-IDENTITY-MANUAL* (schriftlich fixierte Leitsätze zum Unternehmensauftritt) sollte so schnell wie möglich um das Kapitel »So schreiben wir...« ergänzt werden bzw. man sollte eine klare Direktive erarbeiten, wie mit der neuen deutschen Rechtschreibung umgegangen werden soll. Mitarbeiter und Dienstleister wie z.B. Satzstudios, Werbeagenturen oder PR-Agenturen werden dafür dankbar sein und intern werden frustrierende Diskussionen vermieden.

### 5.3.6 Gezieltes Redigieren macht Texte besser

Wenn man fünf Mitarbeitern den Auftrag gibt, einen Text zu schreiben, so werden mindestens vier viel Zeit darauf verschwenden, jedes Wort und jeden Satz gleich perfekt zu formulieren. Beobachtet man dagegen einen guten Texter, so wird man schnell erkennen, dass er sich im wahrsten Sinne des Wortes zu seinem Text hinkämpft. Schreiben oder Texten ist ein Prozess von ersten Textskizzen über verschiedene Rohtext-Stufen bis hin zum perfekten Text, zum Reintext. Das Überarbeiten oder Redigieren gehört einfach zum Schreiben von Texten. Und es geht dabei selten um wahr oder falsch, sondern um das Optimieren.

*Ein guter Texter kämpft sich zu seinem Text hin*

Schon damit, dass man sich dem Prozess hingibt, erhöht sich die Chance, am Ende wirklich gute Texte zu haben. Der

Grund hierfür ist nahe liegend: Indem man erstmal unbeschwert vom Perfektionsstreben textet, wird der Fluss der Gedanken erhalten, Ideen nehmen Form an, das Blatt füllt sich ohne Verzögerung.

Für das Schreiben und Redigieren von Texten sollte man sich eine Anmerkung von David Ogilvy zu eigen machen:
*»Machen Sie es nicht so, wie die Werbeagenturen es machen. Machen Sie es wie die Redaktionen. Die Lesegewohnheiten werden durch die Redaktionen gebildet. Denken Sie aber daran, dass Sie nicht versuchen, die Leute zu der Annahme zu bringen, Ihre Werbung sei Redaktion. Sie bekommen die Leser durch einen einfachen Stil, den die Leute zu sehen gewohnt sind. Einen Stil, der die Dinge für den Leser einfacher macht.«*

Wie man seinen eigenen Text Schritt für Schritt optimiert, muss eigentlich jeder selbst entscheiden. Man kann es gefühlsmäßig machen oder mit Struktur.

*Anregungen für die strukturierte Optimierung von Texten*

Hier eine Reihe von Anregungen für die strukturierte Optimierung von Texten:

**Immer der erste Punkt:**

Enthält der Rohtext alle Fakten, ist er strategisch auf dem Punkt, entspricht er dem vorher verabschiedeten Konzept? Bevor diese Punkte nicht abgehakt sind, sind alle stilistischen Optimierungen reine Zeitverschwendung.

**Der zweite Punkt:**

Korrespondiert der Text mit der Headline und dem Bild? Wird ein Ansatz, der per Headline kommuniziert wird und den Betrachter erfolgreich zum Lesen des Textes bringen soll, aufgenommen oder aufgelöst?

**Der dritte Punkt – stilistische Optimierung:**

Für die stilistische Überarbeitung empfiehlt sich eine Strukturierung, die sicherstellt, dass man alle Aspekte bearbeitet, beispielsweise:

- Stimmen die Satzlängen, der Satzbau?

  Zu lange Sätze erschweren das Lesen; verschachtelte Sätze sorgen dafür, dass der Leser den Faden verliert. Manchmal ist es durchaus sinnvoll, sich auf dem klassischen Satzbau basierend auf Subjekt, Prädikat, Objekt zu konzentrieren. Was zählt, ist klare, zielgerichtete Kommunikation.

- Ist die Ansprache durchgängig?

  Oft leiden Texte allein unter dem ständigen Wechsel von »Wir« zu »Sie« oder »Uns« zu »Ihnen«. Davon abgesehen, ist die direkte Ansprache des Lesers meist wirkungsvoller als die Darstellung, was »Wir« von dem Produkt halten. In diesem Zusammenhang sollte auch geprüft werden, ob der Leser »geduzt« werden sollte oder nicht (Achtung! Selbst Jugendliche möchten in der Regel nicht einfach geduzt werden!).

*Die direkte Ansprache des Lesers ist immer wirkungsvoll*

- Gibt es »Wortungeheuer« im Text?

  Am besten zu lesen sind Worte mit 2 bis maximal 4 Silben. Alles was länger ist bedarf der Prüfung. Kann man z.B. mit einem Bindestrich arbeiten (auch wenn der Korrektor mit dem Duden in der Hand aufschreit) oder gibt es ein kürzeres Wort oder ist eine elegante Umformulierung möglich (Beispiel: »Ihr Lebensversicherungsfachmann ...« in »Ihr Fachmann für Lebensversicherungen ...«.

  Dieser Punkt ist auch unter Einbeziehung der Lesefähigkeiten und -gewohnheiten der Zielgruppe zu betrachten – Menschen, die viel lesen erfassen Texte anders als z.B. Jugendliche, die wenig lesen. Und zu bedenken ist: Gerade gängige, häufig verwendete Worte werden nicht Silbe für Silbe gelesen, sondern bildhaft erkannt und damit ganzheitlich und schneller erfasst.

*Bekannte Worte werden bildhaft erkannt und damit ganzheitlich und schneller erfasst*

- Kritisch zu hinterfragen:
  Fremd-, Fach-, Kunst- und Modewörter

  Jeder Texter hat seinen eigenen Wortschatz, je nach Vor- und Ausbildung nutzt man Worte und Redewendungen, die man selbst immer und sehr selbstverständlich anwendet. Beim Redigieren eines Textes sollte man Fremd- und Fachworte auf den Prüfstand stellen, indem man den Wortschatz der Zielgruppe antizipiert. Man sollte immer einbeziehen, dass jedes der Zielgruppe fremde Wort die Verständlichkeit des Textes untergräbt und – viel schlimmer – eine Abwehrhaltung erzeugen kann. Auf keinen Fall

*die Leser begrifflich dort abholen, wo sie stehen*

sollte man darauf bauen, dass Leser ein Wörterbuch zur Hand nehmen!

*Welche Kunst- und Modeworte gehören zum Wortschatz der Zielgruppe?*

Ebenfalls zu überprüfen sind Kunst- und Modewörter. Versteht die Zielgruppe die Worte? Passen Sie zur Marke? Die einfachste Art der Überprüfung ist der Austausch gegen ein »normales«, gängiges Wort, man merkt meistens sofort, was die bessere Lösung ist. Sofern man unbedingt ein Kunstwort für eine Marke etablieren will, sollte man den gesamten Text daraufhin überprüfen, ob dies für den Leser ungewohnte, neue Wort richtig und sinnstiftend aufgelöst wird. Ob dies z. B. TOSHIBA in einer Anzeige für einen Laptop mit dem eingedeutschten Begriff »gewirelesst« in der Headline wirklich bei allen Lesern gelingt, ist zu bezweifeln.

- WIE EXAKT, WIE BILDHAFT SIND DIE WORTE?

Dieser Punkt des Redigierens ist der schwierigste, denn hierbei geht es auch um die Bildhaftigkeit des Textes. Bei strukturierter Überarbeitung nimmt man sich idealerweise Verben, Eigenschaftswörter und Hauptwörter getrennt vor.

Ein kleines Beispiel mag dies verdeutlichen: Der Satz *»Fahren Sie einfach durch die Stadt.«* ist zunächst farblos und bei näherem Betrachten wirft er sogar Fragezeichen auf. Was heißt einfach? Ist die Stadt groß oder klein, mit breiten Straßen und vielen Ampeln? Natürlich wird niemand über den Satz nachdenken, man überliest ihn einfach, weil er im Gesamttext keine wichtige Rolle spielt. Wie gibt man diesem Satz Farbe und Bildhaftigkeit? Gibt es für das Verb »fahren« eine exaktere, bildhaftere Alternative? Beispielsweise »Rollen«, »Gleiten«, »Cruisen« oder »Durchstreifen«, »Flanieren«, »Pilgern«, etc. Ein Begriff wie »Pilgern« beinhaltet z.B. »Andächtigkeit«, »langsam«, »aufmerksam« oder etwas sehr bewusst tun.

*Alles, was in einem Wort mitschwingt, wird automatisch mit kommuniziert*

Der entscheidende Punkt ist, dass das, was in einem Wort mitschwingt, automatisch mit kommuniziert wird. Der neuzeitliche Begriff »cruisen« beinhaltet etwa Bedeutungen wie »Fahrgenuss«, »stressfreies Fahren«, »dahingleiten«, »sehen und gesehen werden«, »Cabrio«, »Harley«, etc. – aber natürlich nur, wenn die Zielgruppe den Begriff oder ein genutztes Bild auch kennt und/oder der restliche Text den Begriff aufnimmt und mit Inhalt füllt.

Als nächstes gilt es die Stadt besser zu beschreiben und bildhafter zu machen; z. B. durch das Hinzufügen beschreibender Attribute wie »durch die kleinen Gassen der Stadt«, *»durch die verträumten Winkel der kleinen Stadt«, »über die breiten, gepflegten Alleen der Stadt«* oder einfach *»durch die verwinkelte alte Stadt«*. Auch wenn diese Beispiele schon dadurch hinken, dass sie in keinem Textzusammenhang stehen, machen sie doch deutlich, wie wichtig die Bildhaftigkeit ist, die erst durch Exaktheit der gewählten Worte erreicht wird. Gleichzeitig wird (hoffentlich) deutlich, dass ein exakter, bildhafter Begriff ganze Sätze der Erklärung ersetzen kann.

*Bildhaftigkeit wird erst durch die Exaktheit der gewählten Worte erreicht*

Natürlich muss hinsichtlich der Exaktheit eines Wortes einbezogen werden, dass es die Aufgabe des Texters ist, mit der Wahl der Worte die beim Leser entstehenden Bilder, Inhalte, Emotionen und/oder weitergehende Assoziationen zu lenken.

- FEINSCHLIFF DES TEXTES

Das Redigieren des eigenen Textes ist nicht einfach und häufig übersieht man wirkungsrelevante Punkte. So sollte man gezielt nach negativen Formulierungen oder Formulierungen und Worten mit im Sinne der Botschaft deutlich negativen Aufladungen suchen und sich fragen, ob man das nicht auch positiv ausdrücken kann. Beispielsweise ist die Formulierung *»Das Öffnen mit dem Dosenöffner ist mit keiner Gefahr verbunden«* eher kontraproduktiv, da allein schon das Wort »Gefahr« die mögliche Gefahr andeutet. Eine Formulierung wie z. B. *»Das Öffnen mit dem Dosenöffner ist absolut sicher«* ist dagegen deutlich positiv.

*Sachverhalte möglichst positiv ausdrücken*

Hilfsverben bremsen den Leser und den Text. Der Aktivierungsgrad eines Textes steigt in dem Maße, wie es gelingt, aktivierende Verben in das Zentrum zu bringen. Statt der umständlichen Formulierung *»... aus diesem Anlass möchten wir Ihnen eine kostenlose Infobroschüre schicken«* erweist sich die Formulierung *»... gerne schicken wir Ihnen aus diesem Anlass unsere kostenlose Infobroschüre«* als wesentlich direkter und damit auch wirkungsvoller.

*Verben aktivieren den Leser*

*Absätze erleichtern das Lesen*

Wie übersichtlich ist der Text in Absätze gegliedert? Absätze erleichtern das Lesen, aus einem langen Text wird allein schon durch Abätze ein weniger langer Text. Wird die Interpunktion richtig genutzt? Manchmal macht ein Ausrufezeichen an der richtigen Stelle durchaus einen Punkt.

Erst wenn alle Sätze und Worte stimmen, kommt die Rechtschreibkorrektur.

Viele gute Texter beherrschen die Sprache im Sinne des kreativen Umgangs mit ihr, aber spätestens seit der großen Rechtschreibreform fehlt der sichere Umgang mit der Rechtschreibung. Während des Textens und Redigierens sollte die Rechtschreibung erstmal vergessen werden. Erst wenn der Text rund ist, sollte ein Korrektor den Text Korrektur lesen. Idealerweise sollte der Texter den Korrektor über »Besonderheiten« informieren – z.B. über bestimmte Fachbegriffe (heißt es »bench-marketing« oder »benchmarking«?), über den bewussten Einsatz von Bindestrichen oder beabsichtigte Interpunktionssonderfälle. In jedem Fall sollte der Texter darauf bestehen, den Text nach der Korrekturlesung und vor der Drucklegung noch mal zu sehen. Es lohnt sich manchmal, im Sinne der Qualität des Textes mit dem Korrektor zu streiten.

### 5.3.7 Wie beurteilt man Texte?

*DAS BEURTEILEN VON TEXTEN IST FAST SCHWIERIGER ALS DAS SCHREIBEN.*

*Die Beurteilung von Texten erfordert Distanz und Disziplin*

Der schlimmste Fehler ist wohl das Verwechseln von *BEURTEILEN* und *REDIGIEREN*. Kein Texter mag es, wenn ganz forsch an seinem Text rumredigiert wird. Natürlich muss man auch das Beurteilen, das Analysieren von Texten lernen und trainieren. Herauszufinden, was einen am Text stört, was einem tatsächlich nicht gefällt oder warum man immer an einer bestimmten Stelle hängen bleibt, erfordert etwas Distanz zum Text und Disziplin. Zugegebenermaßen ist es wesentlich einfacher, einen Text schnell mal umzuschreiben – nur, wozu braucht man dann einen professionellen Texter?

Am besten sollte man sich angewöhnen eine Art Beurteilungs-Checkliste zu benutzen.

Hier ein Vorschlag für eine solche Checkliste:

- **Wie gefällt der Text? Gefällt der Stil?**

  Lesen Sie den Text einmal in Ruhe durch, lehnen Sie sich zurück und lassen Sie sich spontan, emotional leiten. Hat der Texter es geschafft, Sie zu überraschen oder in Spannung zu versetzen? Haben Sie gerne bis zu Ende gelesen (das Mindeste, was ein Text leisten sollte)? Geben Sie dem Text eine faire Chance (leider glauben die meisten »Beurteiler«, dass sie selbst sowieso viel besser texten können) und beziehen Sie ein, dass der Text für Ihre Zielgruppe und nicht für Sie geschrieben ist.

- **Ist der Text zielgruppenadäquat geschrieben?**

  Schauen Sie sich vor der Beurteilung dieses Punktes Ihre Zielgruppenbeschreibung an und stellen sich Ihre Zielgruppe vor. Werden Herr Müller oder Frau Schmidt den Text gerne bis zum Ende lesen? Nutzt der Text die Sprache der Zielgruppe?

  Manchmal hilft der schnelle so genannte »Putzfrauentest«, um hier etwas sicherer zu werden. Oft hat die Sekretärin oder der Kollege einen unvoreingenommeneren Blick (aber Vorsicht: machen Sie vorher klar, dass Sie nur an einer emotionalen, spontanen Beurteilung interessiert sind).

- **Hat der Text einen roten Faden?<br>Stimmt der dramaturgische Aufbau?**

  Wie kommt man durch den Text? Holpert er? Stolpert man über unlogische Punkte oder über Stilbrüche? Gibt es Worte, die man schwer versteht und die deshalb zu Stolpersteinen werden? Stimmt der Spannungsbogen? Ist man nach dem ersten Satz auf den folgenden Text gespannt, will man weiterlesen?

- **Sind alle Informationen enthalten?**

  Sind alle vom Briefing vorgegebenen Punkte und Informationen im Text enthalten? Kommt der Benefit richtig zur Geltung? Stimmen die Gewichtungen? Wie schneidet das Produkt oder die Marke ab? Sind alle Informationen eindeutig? Spätestens an dieser Stelle sollten Sie auch die Copy-Strategie neben sich liegen haben. Denn Sie müssen entscheiden, ob der Text auf der Strategie *(on-strategy)* oder neben der Strategie *(off-strategy)* ist.

- **Details**

  Welche Worte stören? Sind die richtigen Schlüssel-/Reizwörter genutzt? Gibt es Stilbrüche? Stimmen die verwendeten Fachtermini? Gibt es Wortwiederholungen, die stören? Entstehen die richtigen Bilder im Kopf? Gibt es ungewollte Doppeldeutigkeiten? Sind Formulierungen und Worte im Text, die dem Text eine falsche Tonalität geben (zu lässig, ironisch etc.) oder nicht mit dem Markenimage konform gehen? Sind die Sätze gut lesbar strukturiert oder muss man sich duch Schachtelsätze kämpfen? Können Absätze helfen? Kann man oder sollte man den Text kürzen, weil zu viele banale, langweilige Passagen darin sind? Wie steht es mit Adjektiven, unnötigen Füllwörtern, Fremdwörtern, Fachjargon, Selbstverständlichkeiten? Wie passt der Text zu dem evtl. benutzten Bild, baut der Text auf der Bildinformation auf oder ergänzt er sie? Wird der in der Headline aufgebaute Anspruch aufgelöst?

*Gehen Sie von der Gesamtbetrachtung in die Details*

Man sollte sich in der Beurteilung von der Gesamtbetrachtung zu den Details vorarbeiten. Wenn der Text beim ersten Lesen spontan gut gefällt, sollte man bei der Beurteilung der Details etwas großzügiger sein – auch bei Texten gibt es eine Balance, die durch Veränderungen im Detail schnell verloren gehen kann. Und noch mal:

> *Man sollte sich immer davor hüten, einfach mal schnell den Text umzuschreiben ohne ihn im Detail analysiert zu haben – dabei kommen sehr selten bessere Texte heraus.*

Sprechen Sie nach der Beurteilung des Textes mit dem Texter über Ihr Beurteilungsergebnis. Insbesondere für zukünftige Textarbeiten lohnt es sich, den Texter in Ihr Beurteilungssystem einzuweihen. Wenn er weiß, nach welchen Kriterien Sie seine Texte beurteilen, kann er sich darauf einstellen. Hiermit steigern Sie die Effizienz Ihrer Zusammenarbeit mit dem Texter oder der Werbeagentur. Dagegen löst der von Ihnen einfach redigierte Text in der Regel nur Frust aus, denn wer mag schon, dass in seiner Arbeit einfach geändert wird?

## 6 Von Captions, Sublines und Bulletpoints

*CAPTIONS* (Bildunterschriften) unter Bildern und Darstellungen werden fast immer gelesen. Schon deshalb lohnt es sich, über Captions mehr nachzudenken. Captions ergänzen das Bild um eine Information, geben dem Betrachter eine Hilfe bei der Interpretation des Bildes oder geben dem Bild eine zusätzliche, überraschende Pointe. Am interessantesten sind natürlich Captions, die einem eigentlich eindeutigen Bild eine überraschende Wende geben.

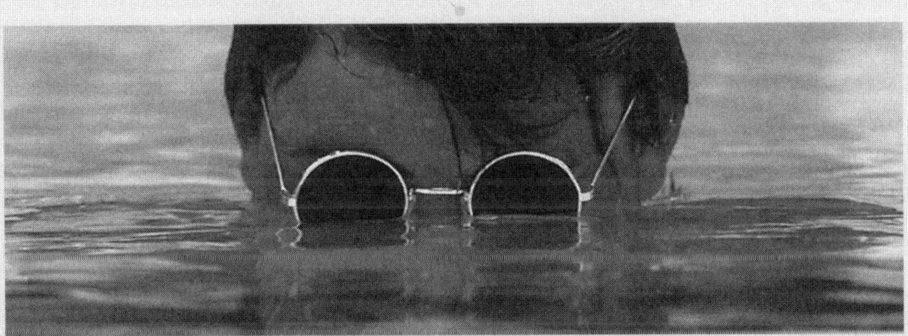

**STUDENT PATRICK B. KURZ VOR DER PRÜFUNG**

*Captions bieten die Möglichkeit einem Bild eine überraschende Wendung zu geben. Und Captions werden meistens gelesen.*

*Sublines strukturieren den Text*

*SUBLINES* (Zwischenüberschriften) helfen bei der Strukturierung langer Texte. Sublines erfüllen – richtig genutzt – verschiedene Funktionen: Sie helfen dabei, langen Texten eine Übersichtlichkeit und Struktur zu geben; mit ihnen kann man wichtige Punkte herausheben und speziell für die Schnellleser bieten Sublines die Chance, die Inhalte des Textes schnell im Überblick zu erfassen. Es empfiehlt sich, mit Sublines sparsam und im Einklang mit dem Textfluss umzugehen. Zu viele Sublines können den Lesefluss zerstören und führen in der Regel auch zu einer wenig ausgewogenen Typografie bzw. Gestaltung des Textes. Sublines können gezielt zur Akzentuierung der wichtigsten Textpunkte genutzt werden und mit ihnen kann einem Text eine deutliche, sofort sichtbare Tonalität gegeben werden. So können sich Sublines rein auf Schlüsselwörter reduzieren oder es sind Zitate etc.

Wenn die Sublines in Verbindung mit der Headline und dem evtl. genutzten Bild eine aussagekräftige Zusammenfassung ergeben, dann hat man es meistens richtig gemacht.

*Bulletpoints verstärken wichtige Textpunkte durch vorangestellte grafische Elemente*

*Bulletpoints* (mittels grafischer Elemente wie Punkten, kleinen Quadraten, Haken etc. herausgehobene Textpunkte) werden gerne in *Salesfoldern* (Verkaufsunterlagen – siehe Kap. 11) und bei kleinen Aufzählungen zur besonderen Heraushebung genutzt. Bulletpoints unterscheiden sich von Sublines durch die besondere grafische Heraushebung vor meist mehreren Kernaussagen oder z. B. technischen Details.

Mit Bulletpoints sollte man immer sparsam umgehen – zu viele Bulletpoints führen diese in ihrer Wirkung ad absurdum. Bulletpoints machen nur Sinn, wenn man eine besondere Information herausstellen will. Bulletpoints sind natürlich in ihrer Wirkung immer etwas »aktionistisch« und technisch.

## 7 Einen Claim finden und besetzen

In Webster's Dictionary finden sich zum Begriff *Claim* die folgenden beiden Erklärungen:

*claim:* to demand as rightfully belonging to one

*claim:* a right to something

*Mit dem richtigen Claim machen Sie Ihre Marke oder Ihr Produkt unverwechselbar*

Für viele ist der Begriff Claim eng verbunden mit Goldgräbern – das erste, was ein Goldgräber vor dem Schürfen tat, war seinen Claim abzustecken und registrieren zu lassen. Abgeleitet davon und entsprechend der o.g. Definition aus Webster's geht es auch in der Werbung darum, mit dem

Claim etwas zu besetzen und für sich zu reservieren. Statt vom Claim wird häufig auch vom *Slogan* gesprochen, gemeint ist aber in der Regel das Gleiche. In internationalen Unternehmen und amerikanischen Agenturen trifft man häufig auch auf die Bezeichnung »*Pay-off*«. Dieser Begriff macht den Anspruch an einen Claim oder Slogan noch deutlicher – vom Sinn her übersetzt steht »pay-off« für »Das, was sich für die Zielgruppe/den Verbraucher auszahlt«.

Wenn man im Bereich der Werbung von Claims spricht, so sind einige wenige sofort präsent, z.B.:

»Otto ... find' ich gut«

»Ich rauche gern.« (R6)

»Meine Quelle«

»Nichts ist unmöglich. Toyota«

»Man gönnt sich ja sonst nichts« (Malteserkreuz Aquavit)

»Don't leave home without it« (American Express)

»Ihr guter Stern auf allen Strassen« (Mercedes Benz)

»We try harder. Avis.«

»Sierra Tequila. Innen gut, aussen mit Hut«

»Ist die Katze gesund, freut sich der Mensch. Kitekat«

»NDR. Das Beste am Norden«

»Leica. Faszination durch Präzision«

»Frankfurter Rundschau. Meinung zählt«

»Wir werden jeden Tag besser« (Deutsche Post AG)

»Cinque. Moda al dente«

»Gillette. Für das Beste im Mann«

»Weissblech. Voll gut. Leer gut«

»AEG. Aus Erfahrung gut«

»HR-werbung. Wir wollen, dass Sie gehört werden«

»Nokia. Connecting people«

»BUDWEISER BUDWEIS. BIER OHNE BEISPIEL«

»NUR DER DUDEN IST DER DUDEN«

»DAS ARD RADIO- UND TV-NETWORK. WO WERBUNG ARBEITET«

»MESSE FRANKFURT. VORNEDRAN UND MITTENDRIN«

»COR ZUM SITZEN«

»OPORTUNITY. JEDES PROBLEM IST AUCH EINE CHANCE«

»JÄGERMEISTER. EINER FÜR ALLE«

»N-TV. GUT ZU WISSEN«

»VICHY. WEIL GESUNDHEIT AUCH HAUTSACHE IST«

»NICKELODEON. GIBT KINDERN EINE STIMME«

*Die besten Claims werden zu geflügelten Worten*

Nur wenige Claims werden wirklich zu geflügelten Worten und nur wenige Claims erfüllen die Anforderung, ein unverwechselbarer Bestandteil und damit »Eigentum« der Marke zu sein. Natürlich ist es mit einem Claim wie mit gesamten Werbekampagnen – de facto wird ein Claim über die aktive Benutzung bereits besetzt; d.h., kaum ein Wettbewerber wird wissentlich den gleichen Claim für sich nutzen. Je intensiver ein guter Claim genutzt wird, desto geringer ist das Risiko der Nachahmung oder zu großen Annäherung durch Konkurrenz-Claims.

*Was ein guter Claim erfüllen sollte*

Ein guter Marken-Claim sollte folgende Anforderungen erfüllen:

- EIN CLAIM SOLLTE DEN ANSPRUCH (DIE POSITIONIERUNG) DER MARKE REFLEKTIEREN.

  Beispiele: Der Claim »NICKELODEON. GIBT KINDERN EINE STIMME« entspricht voll der Positionierung und dem Produktangebot des Programms Nickelodeon. Der sich daraus ergebende Anspruch und der Benefit des Kinderprogramms wird mit dem Claim sehr eindeutig reflektiert.

  Mit dem Claim »WE TRY HARDER. AVIS« setzte Avis in einer kritischen Unternehmenssituation seine Positionierung als härter arbeitende Nr. 2 im Markt sehr direkt um.

Mit dem Claim »NICHTS IST UNMÖGLICH. TOYOTA« versuchte der Automobilhersteller wahrscheinlich seinen Anspruch, alles für das bestmögliche Produkt zu tun und innovativ zu sein, zu untermauern. Allerdings bekam der Claim in der sehr spaßigen Tierkampagne in den Augen vieler Konsumenten sicherlich einen wesentlich oberflächlicheren Dreh (... nichts ist unmöglich ... sogar die Tiere reden über unsere Autos).

- DER CLAIM SOLLTE DAS MARKENVERSPRECHEN BÜNDELN.

  Beispiel: Der Claim »NOIKA. CONNECTING PEOPLE« transportiert das Markenversprechen von NOIKA, und dies eindeutig und klar. Dies Versprechen ist gleichzeitig auch der Anspruch der Marke und steht sicherlich für die Vision des Unternehmens NOIKA. Damit ist dies auch ein gutes Beispiel für einen Claim, der über die Markenwerbung hinaus auch im Geschäftsbericht oder auf Aktionärsmitteilungen genutzt werden kann.

- EIN CLAIM SOLLTE EINZIGARTIG UND UNVERWECHSELBAR SEIN UND ÜBER DIESE EINZIGARTIGKEIT FÜR DIE MARKE BESETZBAR SEIN.

  Beispiel: Der Claim »SIERRA TEQUILA. INNEN GUT, AUSSEN MIT HUT« ist so einzigartig wie das Produkt selbst. Die Entscheidung, das Verpackungsmerkmal, den roten Hut auf dem Verschluss, zum Teil des Claims zu machen, führt zur Unverwechselbarkeit. Dies ist auch ein gutes Beispiel dafür, dass man bei der Entwicklung von Claims und Werbekampagnen (denn auch dort spielt die einzigartige Flasche mit Hut die große Rolle) sehr offen alle Produkt- und Markenelemente einbeziehen sollte. Einzigartigkeit und Unverwechselbarkeit sind in den heute überbesetzten Märkten ansonsten nur schwer zu erzielen.

*Unverwechselbarkeit setzt kreatives Suchen voraus*

*IDEAL IST DER CLAIM DANN, WENN ER NICHT NUR EINZIGARTIG IST, SONDERN AUCH IM RAHMEN DER JURISTISCHEN MÖGLICHKEITEN EINE ALLEINSTELLUNG DER MARKE/DES UNTERNEHMENS POSTULIERT – Z.B. WIE DER CLAIM »NDR. DAS BESTE AM NORDEN«*

- EIN CLAIM SOLLTE SO MERKWÜRDIG SEIN, DASS ER MERKFÄHIG IST.

  Beispiel: Der Claim »IST DIE KATZE GESUND, FREUT SICH DER MENSCH. KITEKAT« ist vom Inhalt und mehr noch durch die Formulierung so ungewöhnlich, dass er auch behalten wird. Die zusätzlich erreichte Verbindung der zwei Benefits »gesunde Katze« und »Freude/Zufriedenheit des Katzenhalters« verleiht diesem Claim seine große Kraft.

- EIN CLAIM MUSS ZUR MARKENWELT, ZUR MARKE PASSEN.

  Beispiel: Der Claim »DON'T LEAVE HOME WITHOUT IT. AMERICAN EXPRESS« passt voll in die Markenwelt und beinhaltet auch das Versprechen. Dieser leider nicht mehr genutzte Claim ist auch ein Beispiel für einen Claim, der zum geflügelten Wort wurde.

- DER CLAIM SOLLTE IN ALLEN WERBEMITTELN FÜR DIE MARKE/DAS UNTERNEHMEN NUTZBAR SEIN.

  Ein Claim setzt sich umso schneller intern und extern durch, je intensiver er eingesetzt wird. Folgerichtig sollte der Claim auf allen Werbemitteln erscheinen. Dies kann bei Unternehmens-Claims bis hin zum Briefpapier reichen. Beispiel: Das Vermarktungsunternehmen der ARD, ARD-Werbung SALES & SERVICES, nutzt seinen Claim konsequent auf allen Kommunikationsmitteln, so auch auf dem Briefpapier: »DAS ARD RADIO- UND TV-NETWORK. WO WERBUNG ARBEITET«

*Ein Claim, der buchstäblich in aller Munde ist, sollte nie ohne Not aufgegeben werden*

Die genannten Claims erfüllen alle mehr oder weniger diese Anforderungen und genau deshalb sind dies Claims, die fast alle in aller Munde sind bzw. in der jeweiligen Zielgruppe bei Nennung zu richtigen Markenzuordnungen führen. Ein guter Claim begleitet die Marke über Jahre und sollte nie ohne Not aufgegeben werden.

*Gründe für die Aufgabe eines Claims*

Gründe für die Aufgabe eines Claims sind:

- Neupositionierung der Marke,
- Verselbstständigung des Claims (so schön es ist, wenn ein Claim zum geflügelten Wort wird, so bitter ist es, wenn dabei die Bindung an die Marke und damit der kapitalisierbare Nutzen für die Marke verloren geht),

- starke Veränderung des Produktangebotes oder starke Nachahmer (wenn Wettbewerber ähnliche Claims verwenden und die Verwechslungsgefahr zu groß wird).

*Es gibt übrigens keinen Zwang einen Claim zu entwickeln und es ist immer besser, keinen Claim zu haben als einen schlechten Claim.*

*Eine gute Headline kann zum Claim werden*

Hat man keinen Claim, sollte man sich auf einen eher beschreibenden Zusatz zum Marken- oder Unternehmensnamen beschränken (z.B. »nolte moebel-industrie«). Und manchmal wird auch aus einer starken Headline ein Claim; z.B. setzte die Deutsche Bundesbahn die Headline »Alle reden vom Wetter. Wir nicht« dann immer wieder als Claim ein.

# 8 Coupons und andere Störer

## 8.1 Der Coupon – Schrei nach direkter Reaktion (nach Response)

*Dialogorientierte Kommunikation nutzt Coupons oder Antwort- und Anforderungskarten*

Mit der rasanten Entwicklung von *Direkt-* bzw. *Dialogmarketing* ist auch die Anzahl der Anzeigen mit *Coupons* oder eingeklebten Antwort-/Anforderungskarten gestiegen. Natürlich ist es für jeden Werbungtreibenden etwas Anstrebenswertes, mit seiner Kommunikation in einen Dialog mit seiner Zielgruppe zu münden.

Ohne an dieser Stelle zu sehr auf Direktmarketing und die Mechanismen von *Response-Anzeigen* einzugehen, hier einige Hinweise zu Coupons in Anzeigen:

- Ein Coupon macht nur dann Sinn, wenn man etwas Konkretes anbietet, z.B. eine Informationsbroschüre, ein Produktmuster oder bei Gewinnspielen aller Art. Der Coupon muss für den Leser eine erkennbare Funktion haben.
- Der Coupon sollte zum Konzept und in die Anzeige passen und nicht »mal eben schnell« reingebaut werden.

*Diese Anzeige ist schrill, laut, wie das Angebot. Der günstige Preis wird in einem Flash hervorgehoben. Gleichzeitig kann per Coupon (oben rechts) Information angefordert werden. Das Bild sorgt ebenfalls für Dramatik.*

Idealerweise bilden der Coupon und das darin enthaltene Angebot einen zentralen Punkt in der Anzeige ab und dieser Punkt spielt bereits in der gesamten Anzeige eine wichtige Rolle.

- Der Coupon ist ein positiver *Störer*, der die Wahrnehmung der Werbebotschaft ergänzend eine Erwartungshaltung erzeugt (hier bekommt man etwas, hier kann man etwas anfordern).
  Denken Sie daran, dass diese Erwartungshaltung durch schnelle Bearbeitung der eingegangenen Coupons auch befriedigt werden muss.

*Die Erwartungshaltung, die der Coupon auslöst, muss auch befriedigt werden*

- Der Coupon sollte so einfach wie möglich auszufüllen sein und nicht überfrachtet werden. Entscheiden Sie vor der Gestaltung des Coupons, welche Daten Sie unbedingt neben Namen und Adresse benötigen und auch verarbeiten möchten und können.
  Berücksichtigen Sie, einen Hinweis auf Porto zu integrieren bzw. überlegen Sie, ob der Coupon auch per Fax eingesandt werden darf (dann sollte eine Faxnummer angegeben werden).
  Denken Sie auch an die Datenschutzbestimmungen und bei manchen Angeboten an juristische Auflagen (z. B. muss im Zigarettenmarkt ein Hinweis auf das Mindestalter gemacht werden und dann evtl. eine Altersabfrage integriert sein).
  Und beziehen Sie bei der Gestaltung und Platzierung des Coupons mit ein, dass nicht jeder seine Zeitung total zerschneiden möchte (deshalb sind Coupons auch meistens unten rechts bei Anzeigen auf der rechten Heftseite und unten links bei Anzeigen auf der linken Heftseite platziert).

*Welche Daten möchten Sie beim Leser abfragen?*

*Beachten Sie Datenschutzbestimmungen und juristische Auflagen*

Die Zielsetzung über eine Anzeige einen Dialog aufzubauen beziehungsweise direkten Response zu bekommen, ist heute dank des technischen Fortschritts natürlich nicht nur über den klassischen Coupon erreichbar, sondern kann auch mit Aufforderung zur Faxanfrage (Integration der Faxnummer) oder mit Hinweis auf einen bestehenden Internet-Zugang und die damit verbundene E-Mail-Adresse abgedeckt werden.

*Auch Faxanfragen sind möglich*

*IN JEDEM FALL MUSS DER LESER DER ANZEIGE FÜR SICH EINEN NUTZEN IN DER AUFNAHME DES DIALOGES ÜBER DEN COUPON SEHEN.*

## 8.2 Und jetzt noch der Flash

*Der Flash ist der Störer schlechthin*

Der *FLASH* (sinngemäßt abgeleitet von Blitzlicht) ist per Definition der Störer schlechthin. Man findet ihn meistens in Schräglage und mit Störfarbe (meistens rot oder gelb) unterlegt. Sehr häufig ist der Flash das letzte Mittel, um davon abzulenken, dass es doch nicht ganz gelungen ist, z. B. die Neuigkeit eines Angebots per Headline und Gesamtgestaltung der Anzeige wirklich deutlich zu machen.

Abseits aller Ironie: Der Flash macht immer dann Sinn, wenn man in einem gewohnten Markenauftritt – also einer schon länger laufenden Kampagne – auf eine Neuigkeit (z.B. besonderer Preis, neue größere Packung oder etwa die Einführung eines besseren Dosierverschlusses) besonders aufmerksam machen will und dies nicht zum generellen Thema der Anzeige werden soll. Der Betrachter soll in erster Linie die Marke/den Markenauftritt wiedererkennen und durch die per Flash auffällige Mitteilung über die Neuigkeit informiert werden. Es liegt in der Natur der Sache, dass es dem auf ästhetische Gestaltung bedachten Grafiker immer schwer fällt, dem Flash seine maximal mögliche Störfunktion zu geben.

Beim Flash gilt deshalb: Er muss zur Anzeige passen, aber er sollte so eingesetzt werden, dass er seine Störfunktion wirklich erfüllt. Und das heißt auch, Sie sollten sich klar für oder gegen einen Flash entscheiden und die verschämt in der einzigen freien Ecke der Anzeige untergebrachten Pseudo-Flashs vermeiden.

Ein Hinweis am Rande: Die gerne auf Packungen eingesetzten NEU-Flashs dürfen aus juristischen Gründen nur eine bestimmte Zeit auf der Packung sein. Dies muss man bei der Bestellung der Druckmenge beachten.

# 9 GUTE ANZEIGEN SIND LEDIGLICH GUTE ANZEIGEN

## 9.1 Warum gute Anzeigen oft schlechte Plakate sind

*IM DEUTLICHEN UNTERSCHIED ZU ANZEIGEN SIND PLAKATE WERBEMITTEL, DIE IN IHRER WIRKUNG MIT DER UNGERICHTETEN AUFMERKSAMKEIT LEBEN MÜSSEN.*

Gute Plakate leben von der Reduktion auf das Wesentliche und auf das ganzheitlich Erfassbare.

Sie müssen auf die Vorbeifahrenden und -laufenden wirken. Während man die Zeitschrift in die Hand nimmt und sich gezielt damit beschäftigt, geht niemand auf die Straße um Plakatstellen oder Plakate anzuschauen.

*Regeln für die Konzeption von Groß-Plakaten*

Für die Konzeption und Gestaltung von guten Groß-Plakaten gibt es deshalb einige einfache Regeln:

- Wenn die Anzeigenkampagne die Grundlage für die Gestaltung der Plakate sein soll (was natürlich immer sinnvoll ist), dann müssen Sie die Idee und die prägenden Gestaltungselemente auf Plakat umsetzen. Nur ganz selten ist es damit getan, einfach z. B. den Text zu kürzen oder herauszunehmen.

*Alle Bild- und Wortinformationen müssen buchstäblich auf einen Blick wahrgenommen werden können*

- Denken Sie großflächig. Ein Plakat muss aus der Distanz und trotz Bewegung des Betrachters wirken. Die Bild- und Wortinformationen müssen auf »einen Blick« wahrnehmbar sein. Vor allem müssen die Marke und das Produkt gut identifizierbar sein – nicht selten erinnern sich Betrachter von Plakaten sehr gut an eine starke Headline oder ein starkes Bild, aber wissen nicht, für welche Marke diese eingesetzt wurden.
- Reduzieren Sie die Inhalte auf das Wesentliche. Nutzen Sie Ihre Schlüsselwörter und Schlüsselreize (-bilder).
- Verwenden Sie klare, gut lesbare und fette Schriften (niemand steigt aus seinem Auto aus um etwas auf einem Plakat besser lesen zu können).

*Eine Anzeige wie ein Plakat – ein starkes Beispiel für plakative, großflächige Gestaltung mit Gefühl fürs Wesentliche. Mit einer Headline, die durch ihre Ableitung von der bekannten Aussage »Mach mal Pause« positiv verblüfft.*

- Nehmen Sie die Headline oder die Hauptaussage tunlichst in den oberen Teil des Plakates (wenn Sie die Headline nach unten nehmen, wird sie an vielen Plakatstandorten durch parkende oder fahrende Autos verdeckt).
- Eine helle, freundliche Gestaltung ist immer der dunklen Gestaltung vorzuziehen (denken Sie an unsere Wetterverhältnisse).
- Jedes einzelne Plakat muss für sich alleine wirken. Natürlich wäre es toll, wenn man bei der Entwicklung und Gestaltung von Plakat-Kampagnen darauf setzen könnte, dass verschiedene Motive aufeinander aufbauen. Aber die zuverlässige Steuerung der Platzierung der einzelnen Plakate ist aufwändig und in der Regel gerade bei kleinem Budgeteinsatz und nur sporadischem Einsatz von Plakatwerbung nicht zu garantieren.

*Platzierung und Platzierungsdichte sind wichtig für den Erfolg einer Plakatierungsaktion*

Bevor Sie über Plakatgestaltung diskutieren, sollten Sie einfach einmal durch die Stadt fahren und sich Plakate anschauen. Sie werden schnell merken, dass die guten Plakate alle den oben genannten Regeln folgen. Sie werden aber auch merken, wie wichtig die *PLATZIERUNG* und die *PLATZIERUNGSDICHTE* von Plakaten sind. Schon deshalb sollte frühzeitig gemeinsam mit den Media- und den Produktionsexperten darüber gesprochen werden, wann und mit welchem Budgeteinsatz Plakatwerbung überhaupt Sinn macht. Hierzu gehört dann auch die Frage der Verfügbarkeit von attraktiven Stellen für das jeweilige Produkt. Nicht selten finden sich gerade kleine Marken mit bescheidenen Budgets plötzlich auf Plakatstellen, bei denen man die Betrachter alle persönlich beglückwünschen kann, weil es so wenige sind.

## 9.2 Warum gute Anzeigen selten zu guten Internet-Seiten oder starker CD-ROM-Interaktion werden

*Die Nutzung neuer Medien fordert kompetente Gestalter*

Das rasante Aufkommen neuer Medien bzw. richtigerweise neuer Informations-/Werbemittel erfordert natürlich die Auseinandersetzung des Texters und Gestalters mit ihnen.

Eines der Kernprobleme im Bereich der Erstellung von Internet-Seiten oder guten CD-ROMs ist das Fehlen von entspre-

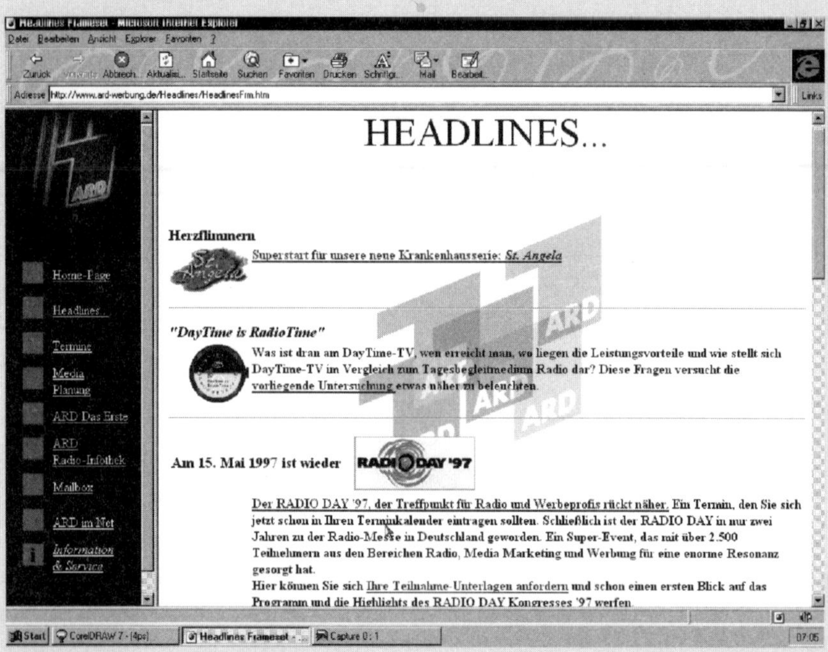


*Internet-Auftritt: ARD-Werbung*

chenden Fachkräften, die neben den notwendigen Programmierkenntnissen und technischem Wissen genügend über zielgerichtete Kommunikation wissen. Allein das Umdenken von der klassischen Einweg-Kommunikation hin zur interaktiven Kommunikation bereitet vielen Gestaltern echte Probleme.

*Anzeigen und Plakate stehen statisch, interaktive Prozesse dagegen vollziehen sich dynamisch*

Die Gestaltung von Internet-Auftritten erfordert das Denken in interaktiven Prozessen, die Umstellung auf das Bildschirmformat und die Bereitschaft zu ständiger Weiterentwicklung. Während die Seite im STERN sich in 25 Jahren nie veränderte, verändert sich das Internet in seinen Möglichkeiten ständig und schnell.

Die Zielgruppen, die heute per Internet angesprochen werden können, erwarten vor allem aktive Kommunikation, in die sie selbst interaktiv eingreifen können. Für viele große Markenartikelunternehmen ist das Internet heute ein Instrument zur Markenbindung und zur Vertiefung der Kommunikation mit kleinen Zielgruppen. Die Chance, z.B. die Markenwelt der Milka in Bewegung zu versetzen und die Zielgruppe aktiv in die Erzeugung der Bewegung zu integrieren, ist natürlich faszinierend.

Die heute im Internet bereits präsenten Marken zeigen auf sehr unterschiedliche Weise, wie man entweder die per klassischer Werbung definierte Markenwelt in eine neue lebendige Dimension transferiert oder wie man parallele, internetgemäße Welten aufbaut bzw. bisher nur unterschwellig vorhandene Markenwerte aktiviert. So hat der Auftritt der Marke Opel im Internet nur bedingt etwas mit dem Auftritt von Opel in Zeitschriften oder im Fernsehen zu tun.

Für jeden Texter ist es sicherlich ein absolutes »Muss«, sich mit den interaktiven Medien zu beschäftigen und die zugrunde liegenden Mechanismen zumindestens zu verstehen. Für die handwerkliche Erstellung von Internet-Seiten und die Programmierung von CD-ROMs gibt es genügend Fachleute, die nur auf ideenreiche Texter warten.

### 9.2.1 Texten für das Internet

Nachdem das Internet heute fast schon zu den »normalen« Medien gehört, setzen sich auch hier die gültigen Kommunikationsmaßstäbe durch. Dabei erfordert das Texten für das Internet natürlich eine Beschäftigung mit den spezifischen Funktionen sowie den Anforderungen der Internet-Nutzer.

So wie es selbstverständlich ist, dass man im Internet etwas schnell findet, so selbstverständlich wird klare Information erwartet. Texten für das Internet bedeutet in Aktivierungs- und Nutzen-Ebenen zu denken.

*Texten für das Internet bedeutet in Aktivierungs- und Nutzen-Ebenen zu denken.*

Ausgangspunkt ist die erste Seite, auf die man nach Eingabe der Adresse oder über eine Suchmaschine kommt. Der Informationsgehalt dieser Seite bestimmt, ob ein Nutzer aktiviert wird oder die Seite wieder verlässt. Im Prinzip sollte diese Seite wie eine Anzeige in schnell erfassbarer Form über Headline und kurzen Text die Vorteile des Angebots deutlich machen.

Für den nächsten Schritt erwartet der Nutzer im Internet Aktivitäts-/Informationsoptionen.

Die Abbildungen zeigen das Beispiel der Internet-Seite des Motorrad-Herstellers YAMAHA. Eine Auswahlseite leitet den Nutzer in seine Kategorie.

*Produktinformation des Motorrad-Herstellers YAMAHA: Technische Details, die auch emotionale Aspekte ansprechen*

Mit der Auswahl eines Modells bekommt man eine Seite mit kurzem Text, der sowohl emotionale als auch technische Aspekte anspricht sowie einer Produktabbildung. Dem Nutzer werden zusammen mit den Grundinformationen mehrere Möglichkeiten zur Vertiefung geboten – von der Finanzierung über die technischen Detailangaben bis hin zu Testberichten.

Der Texter befindet sich hier fast in himmlischen Verhältnissen – mit einer sinnvollen, aktivierenden Strukturierung kann er alle Vorteile des Angebots ohne große Platzrestriktionen herausarbeiten.

Wie schon angesprochen, besteht die Herausforderung darin, die Informationsinteressen des Nutzers zu antizipieren und ihn über die richtige Strukturierung zu lenken.

*die Informationsinteressen des Nutzers antizipieren und ihn über die richtige Strukturierung lenken*

Und: Im Internet erwartet der Konsument vollständige Informationen, die so aufbereitet sind, dass er das Gefühl hat, immer selbst entscheiden zu können, wie er sich informieren will.

## 10 Typografisches

*JEDER TEXT WIRKT NICHT NUR DURCH SEINE INHALTE, SONDERN AUCH DURCH DIE FORM, IN DER ER PRÄSENTIERT WIRD.*

Die *TYPOGRAFIE* (Schriftart, -größe und -anordnung) kann die Wirkung von Headlines und Texten verstärken und verändern. Die bewusste Wirkungsverstärkung der Textelemente durch Typografie wird allerdings oft noch zu wenig bewusst berücksichtigt.

Typografie bestimmt die Lesbarkeit (ganz banal durch Schriftart, Schriftgröße und Abstände) und die Lesefreundlichkeit – sie steuert damit den Aufbau oder Abbau innerer Lesewiderstände.

Das Entscheidende ist dabei natürlich das Zusammenspiel aller gestalterischen Ebenen – Typografie, Bildauffassung, Farben, Anordnung der Elemente und die Marke/das Produkt selbst – und der inhaltlichen und strategischen Ansprüche. Die Gestaltung des Textes per Typografie ordnet sich in das gestalterische Gesamtkonzept ein und ist Teil des Markenbildes.

*Was Sie im Hinblick auf die Wahl der Typografie beachten sollten*

Hier einige Hinweise:

- Headlines und Texte werden in 99 % aller Fälle geschrieben um gelesen zu werden.
  Diese Prämisse ist entscheidend für die typografische Gestaltung von Texten – ohne Einschränkung.
- Vermeiden Sie negativen Satz (weisse Schrift auf schwarzem oder farbigem Hintergrund).
  Insbesondere bei längeren Texten bauen Sie mit negativ gesetztem Text deutliche Lesewiderstände auf. Wenn Sie negative Schrift haben wollen, dann vermeiden Sie feine Schriften (oft sorgen schon kleine Passerungenauigkeiten beim Druck für ein störendes »Flimmern« der Schrift) und kleine Schriftgrößen.
- Seien Sie vorsichtig mit Blocksatz bei langen Texten.
  Grafisch sieht dies zwar immer sehr ordentlich und akkurat aus, aber es erzeugt deutliche Lesewiderstände. Wenn Blocksatz, dann bitte mit eher mehr Absätzen und mit Einzügen (am Beginn eines Absatzes werden 1–2 Buchstabenbreiten eingerückt). Einzüge sind wie Grifflücken in einem Regal – man steigt leichter in den Text ein.
- Machen Sie sich Gedanken darüber, welche Schriftart zur Marke und in die Kampagne passt.
  Auch Schriften lösen Assoziationen aus, manche Schriften haben deutlichen Einfluss auf die Tonalität. Viele große Markenartikelunternehmen lassen sich heute ihre eigenen Schriften entwickeln und setzen diese konsequent in allen Kommunikationsmitteln ein.
- Machen Sie sich auch bei der Wahl der Schriftart Gedanken über Ihre Zielgruppe.

  So sollten Sie bei Texten für ältere Menschen daran denken, dass zu kleine Schriften aufgrund von altersbedingter Sehschwäche zu Lesewiderständen führen.

- DENKEN SIE DARAN, DASS VIELE WORTE GANZHEITLICH WAHRGENOMMEN UND VERSTANDEN WERDEN.
  Manche Worte sollten deshalb tunlichst nicht getrennt werden (Beispiel: Mutter › Mut-ter), da sie dadurch den Lesefluss unangenehm bremsen.
- TYPOGRAFIE UNTERLIEGT INZWISCHEN WECHSELNDEN TRENDS.
  Folgen Sie nicht jedem Trend, sondern prüfen Sie, was zur Marke und zur Werbekampagne passt.

Einige Beispiele zum Abgewöhnen:

Zu konsequenter Blocksatz und zu kleine Schrift sorgen nur dafür, dass der Text nicht gelesen wird. Natürlich können Sie auch eine Lupe beilegen oder ganz einfach eine Fläche in grauer Farbe statt Text benutzen.

Manche
Typospiele
sind für keinen
Leser lustig.

Feine, kleine Schrift in *NEGATIVER* Schreibweise ist im wahrsten Sinne des Wortes negativ!

Buchstaben-, Zeilen- und
Wortabstände erleichtern
oder erschweren die Lesbarkeit.
Wenn die Abstände so groß
werden, dass sich die
B u c h s t a b e n
v e r s e l b s t -
s t ä n d i g e n , hat
man ein Problem.

**Oh, was für eine schöne Schrift. Leider nur schwer lesbar.**

**Für ein leichtes Produkt**
sollte auch eine leichte
Schrift gewählt werden!

*Schreibschrift und kursive Schrift sind mit Vorsicht zu genießen.*

NUR VERSALIEN SIND SCHLECHTER LESBAR
als die ganz normale Groß- und Kleinschreibung.

*So sollte Ihr Text nicht aussehen*

Die Beispiele lassen sich beliebig fortsetzen und variieren. Typografie verlangt guten Geschmack und viel Gefühl. Manche gute Headline hat schon einen Großteil ihrer Wirkung durch falsche Typografie eingebüßt.

*Auch wenn's mit dem Computer scheinbar ganz einfach geht – Gestaltung gehört in die Hände von Profis*

Mit der Durchsetzung des Computers im Grafik- und Satzbereich ist leider auch ein Verfall der typografischen Qualität verbunden. Dank der vielen mit Computer-Grafikprogrammen mitgelieferten Schriften glauben viele, sie könnten mit leichter Hand die Arbeit eines geschulten Grafikers und Typografen selbst machen. Dabei kommt oft ein Wirrwarr an Schriften und Schriftgrößen heraus und Werbemittel, die einfach nur noch ungestaltet aussehen. Es sollte deshalb selbstverständlich sein, dass Gestaltung durch Gestaltungsprofis gemacht wird.

## 11 Ein Thema für sich: Verkaufsunterlagen (Salesfolder)

Beim Thema *Salesfolder* (Verkaufsunterlage für den Außendienst) sträuben sich den meisten Textern und Grafikern die Nackenhaare. Und oft schreibt der Kontakter der Werbeagentur oder gar der Produktmanager den Salesfolder schnell alleine, weil die Kreativen sowieso keine Ahnung vom harten Verkaufsgeschäft haben.

Die meisten Salesfolder bestehen aus einer Aneinanderreihung von Floskeln und Schlagworten. Die beliebtesten und unisono genutzten Worte wie z. B. *Wachstum, Marktführer, Gewinn, Partnerschaft, Sortiments-* oder *Displaystärke* sorgen dafür, dass sich die meisten Salesfolder wie ein Ei dem anderen gleichen.

Leider wird sehr häufig bereits mit dem Briefing die Grundlage für den langweiligen Salesfolder gelegt. Forderungen wie »Wenig Text«, »Bitte Bulletpoints« oder »Vergessen Sie schöne Bildchen, das Produkt muss groß abgebildet werden« nehmen den Kreativen die Lust daran, anspruchsvolle Ideen zu entwickeln.

Dabei wird es gerade angesichts der Austauschbarkeit der Produktangebote immer wichtiger, sich auch in der Kommunikation zum Außendienst und zum Handel durch Ideen und anspruchsvolle Gestaltung zu differenzieren (auch wenn angeblich immer nur Konditionen und Rabatte entscheiden).

*Auch die Kommunikation zum Außendienst und zum Handel sollte sich durch Ideen und anspruchsvolle Gestaltung differenzieren*

Hier einige Hinweise für die Entwicklung und das Texten von Salesfoldern:

- Denken Sie auch beim Salesfolder über ein Konzept nach.
  Oft hilft es, sich an der klassischen Werbung zu orientieren und eine thematische Ableitung zu suchen. In vielen Unternehmen wird die Kommunikation zum Handel für das gesamte Jahr geplant, entsprechend lohnt es sich, über ganzheitliche, über das Jahr laufende Konzepte nachzudenken.
- Welche Benefits speziell für den Handel haben Sie?
  Bedenken Sie, dass »Wachstum« und »Gewinn« die Nutzen sind, die der Handel ganz selbstverständlich erwartet. Und das Thema »Partnerschaft« ist nur durch echte Benefits zu belegen, ansonsten ist es die Salesfolder-Worthülse schlechthin.
- Berücksichtigen Sie, dass Aussendienst- und Handelsmitarbeiter auch Menschen sind, die man involvieren und begeistern kann und muss.
  Zwar sind Salesfolder mit langen Texten wirklich wenig Erfolg versprechend (meist haben Außendienstler und deren Gesprächspartner nur wenig Zeit), aber Headlines und Texte sollte man gerne lesen wollen.
- Auch beim Salesfolder gilt, dass Bild und Text eine sich ergänzende und sich gegenseitig verstärkende Einheit bilden sollten.
  Idealerweise sollte man Bilder aus der klassischen Werbung nutzen, um auch zum Handel hin die Markenwelt deutlich zu machen.
- Entwickeln Sie auch beim Salesfolder zuerst eine Argumentationskette und arbeiten Sie diese dann systematisch ab.
  Die besten *Bulletpoints* helfen nichts, wenn es an der Logik und dem roten Faden fehlt.

Generell sollte man einen Salesfolder wie eine Anzeige für die Zielgruppe Außendienst und Handel behandeln. Auch der

Salesfolder ist eine Visitenkarte der Marke und des Unternehmens und sollte von daher zur Differenzierung und Imagebildung genutzt werden.

## 12 WORTE UND BILDER IN BEWEGUNG: TV & RADIO

Papier ist geduldig, aber wie geduldig sind Augen und Ohren? Der geschriebene Text verzeiht schon mal Ungereimtheiten, Unlogik und schlechtes Umgehen mit der Sprache, denn man kann noch mal lesen und sich das Verständnis Wort für Wort erarbeiten (wenn man unbedingt will).

*IM GEGENSATZ ZUM GESCHRIEBENEN TEXT WEIST DER GESPROCHENE TEXT DEN GROSSEN NACHTEIL AUF, DASS ER IN HOHEM MASSE UND IM WAHRSTEN SINNE DES WORTES FLÜCHTIG IST.*

*Der Hörer von Radiospots und Betrachter von TV-Commercials kann nicht zurückblättern*

Werbung in TV und Radio lebt vom flüchtigen gesprochenen Wort und natürlich von ebenso flüchtigen Bild-, Musik- und Geräuscheindrücken.

Die Kunst oder besser das Können besteht darin, die Flüchtigkeit der Informationen und Eindrücke durch mediengerechte Umsetzung so weit wie möglich zu minimieren. Und hier ist man wieder bei den Grundregeln der Kommunikation:

- Informationen und Eindrücke müssen eine bemerkbare Relevanz für den Betrachter bzw. Hörer haben.
- Die Aufmerksamkeit (Bereitschaft zum Aufnehmen der Informationen und Eindrücke) muss am Anfang der Botschaft aufgebaut werden und über den Verlauf des Spots gehalten werden.
- Informationen und Eindrücke müssen sich aus der Masse herausheben; sie müssen in Inhalt und Art/Tonalität bemerkenswert und merkbar sein. Denken Sie an den *INFORMATIONS-OVERLOAD*. Der Maßstab sind Unterhaltungs- und Informationswert für die Zielgruppe – nicht mehr und nicht weniger.

- Informationen und Eindrücke müssen ad hoc verstanden werden – der Betrachter bzw. Hörer kann nicht zurückblättern. Natürlich schaltet man gewöhnlich Radio- und TV-Spots mehrfach, aber dies darf nicht zu einem Informations-Puzzle im Sinne des schrittweisen Aufbaus von Information missbraucht werden. Die mehr- oder vielfache Schaltung von Spots ist nicht zum inhaltlichen Verständnis, sondern zur vertiefenden Penetration der Information oder Markenbotschaft zwingend notwendig.
- Seh- und Hörwiderstände müssen gezielt erkannt und abgebaut werden – die Fähigkeit und der Wille der Zielgruppe sich mit Sprachstil und Bildart auseinander zu setzen ist der einzige wirkliche Maßstab.
- Ein klar erkennbarer, für die Zielgruppe attraktiver Nutzen erhöht die Chance bemerkt und gemerkt zu werden. Eine erkennbare Idee verhindert in der Regel, dass Informationen und Eindrücke im Nirwana des Informationsmülls verschwinden.

Wie viele TV- oder Radiospots folgen diesen einfachen Regeln? Man schaue oder höre sich einfach mal einige Werbeblocks an – und man wird verblüfft sein, in wie viel Spots die einfachsten Grundregeln missachtet werden.

### VORURTEIL: ÜBERALL WIRD TOLLE TV- UND RADIO-WERBUNG GEMACHT – NUR NICHT IN DEUTSCHLAND.

*Ist Werbung in Deutschland wirklich schlechter als in anderen Ländern?*

An dieser Stelle sollte man sich einmal kurz mit dem o.g. Vorurteil beschäftigen. Einmal abgesehen davon, dass Deutschlands Werbern sicher weltweit der erste Preis für permanente Selbstkasteiung zusteht, ist die Werbung in Deutschland sicherlich in der Breite weniger spektakulär und wesentlich »ordentlicher« und geradliniger als beispielsweise amerikanische, englische oder französische Werbung.

Andererseits ist die Qualität von Werbung auch ein Spiegelbild des kulturellen Status und gesellschaftlicher Entwicklungen sowie generell der Anerkennung von Werbung. So hat in Amerika die Werbung einen ganz anderen Status und wird von den Unternehmen wesentlich selbstverständlicher eingesetzt. Dies dokumentiert sich auch in der Höhe von Werbebudgets und der Bereitschaft für die Produktion von erstklassigen TV-Spots ansehnliche Budgets zur Verfügung zu stellen.

Die Begeisterung für englischen Humor, französisches Chaos, japanische Ästhetik oder amerikanischen Hollywood-Perfektionismus bei der Betrachtung von *Cannes-Rollen* (Sammlung von TV-Spots vom jährlich stattfindenden Werbefestival in Cannes) relativiert sich spätestens bei der Frage, welcher dieser Spots bei Deutschlands Verbrauchern wirksam arbeiten würde.

Natürlich mag und versteht auch der deutsche Verbraucher Humor, aber weniger den subtilen englischen Humor. Eine Umsetzung des englischen Humors in deutschen Humor ist schlichtweg absurd und per Definition einfach unmöglich.

Gleichzeitig sei jedem Fan englischer, amerikanischer oder französischer Werbung einmal empfohlen, sich in diesen Ländern der Werbeberieselung auszusetzen. Nach einem dreiwöchigen Urlaub in Florida oder einer verregneten Hotelzimmer-Woche in London hat sich dann manches relativiert. De facto sollte man davon ausgehen, dass in Ländern wie England, Amerika, Frankreich oder Japan eine breitere Spitze an hervorragenden Spots zu konstatieren ist als in Deutschland, aber auch dort die Masse der Spots einfach normal und ordentlich und in massiertem Konsum ebenfalls nervend ist.

## 12.1 Wenn die Uhr mittickt

*Die Beschränkung der Länge von TV- und Radiospots auf oft nur 20 Sekunden macht ihre Gestaltung zu einer speziellen Disziplin*

Das Texten und Gestalten von TV- und Radiospots ist aufgrund der Zeitlimitationen wirklich schwere Arbeit schon fast eine spezielle Diziplin. Es erfordert die Fähigkeit, sehr strukturiert mit allen Bausteinen umzugehen und die verschiedenen Elemente Sprache/Text, Bild, Musik und Geräusche so zu nutzen und miteinander zu verflechten, dass jedes Element seinen Beitrag leistet. Jeder Texter geht immer mal wieder in die Zeitfalle. Das Konzept liest sich grandios, die Umsetzung in Form einer wunderschönen Szene mit witzigen Dialogen liegt auf der Hand. Die warnende Stimme des Kreativ-Direktors mit dem Hinweis auf »nur« 20 Sekunden wird lässig abgetan. Und am Ende bleibt ein Spot übrig, in dem alles im Ansatz stecken geblieben ist.

Ein toller 20-Sekunden-Spot ist nur möglich, wenn jedes Element zu einem Funktionsträger wird.

Die einfache Unterscheidung zwischen
- emotionalen,
- psychologischen Funktionen/Informationen und
- rationalen Informationen

hilft bei der Strukturierung.

Ein Beispiel verdeutlicht dies: In einem oft preisgekrönten Mercedes-Benz-TV-Spot der Agentur SPRINGER, JACOBI Hamburg spielt ein schlafendes Kleinkind in einem fahrenden Mercedes die Hauptrolle. Man sieht, dass dieses Kind sich wohl fühlt und vor allem wird der Zielgruppe nur mit Bildern auf sehr emotionale Weise der Sicherheitsvorteil von Mercedes-Benz kommuniziert. Es sind nicht viele Worte notwendig, das Bild allein trägt alle Informationen – in diesem Fall sowohl die rationalen als auch die emotionalen. Versuchen Sie einmal diese Bildwirkung durch Worte zu ersetzen – es wird kaum gelingen, und schon gar nicht in 20 oder 30 Sekunden.

Ein entsprechendes Beispiel für Radio sind Spots für LICHER BIER. Die Natur-Positionierung, die im Printbereich durch wunderschöne Fotos transportiert wird, lebt im Radio durch Musik und Geräusche, nicht durch die Sprache. Das gekonnte Wirkenlassen von Geräuschen des Waldes ersetzt auf geniale Weise trockene Worte.

Für die Ankündigung des deutschen Kinofilms »DAS BOOT« wurden Radiospots eingesetzt. Allein das eingesetzte Geräusch des Echolots transportierte die ganze zu erwartende Dramatik dieses U-Boot-Films und es bedurfte keiner zusätzlichen Erklärung.

*DIE GESTALTUNG VON TV- UND RADIOSPOTS LEBT VOM VERSTÄNDNIS DER WIRKUNGSWEISE DER BEIDEN MEDIEN.*

Nur wer in der Lage ist, bereits im Anfangsstadium der Entwicklung von Spots die Wirkungsweise und die Wirkungszusammenhänge zu antizipieren, wird die Zeitfalle vermeiden und mit starken Spots groß herauskommen.

## 12.2 Zusammenspiel von Worten, Bildern, Geräuschen und Musik

Augen und Ohren lassen sich nur in Maßen betrügen oder manipulieren. Beide Sinnesorgane unterliegen in ihrer Wahrnehmungsfähigkeit individuellen Konditionierungen und Beschränkungen. Bei einem Menschen löst das Bild einer rennenden Herde Elefanten Angst aus, bei einem anderen erzeugt das gleiche Bild Sehnsucht nach einer Reise nach Afrika. Gleiches gilt für die Wirkung von Worten und Geräuschen sowie Musik. Hardrock- oder Heavy-Metal-Musik erzeugen z.B. bei vielen Menschen Aggressionen, klassische Musik entspannt oder macht melancholisch. Im Zusammenspiel mit Bildern entstehen schnell kleine Dramen – eine beliebige Filmsequenz einer Straßenszene mit normalem Auto- und Fußgängerverkehr wird je nach unterlegter Musik entweder als spannend (gleich passiert etwas), als nervend (der sichtbar normale Verkehr wird durch die Musik intensiver erlebt) oder als romantische Kleinstadtszene wahrgenommen.

Natürlich ist es schier unmöglich, es für jeden einzelnen Betrachter oder Hörer hundertprozentig richtig und passend zu machen. Das richtige Zusammenspiel der Gestaltungselemente hilft aber bei der Minimierung von Risiken. Beispiel: Im Falle der rennenden Elefanten kann eine sanfte Musik oder die ruhige, warme Stimme eines Sprechers dafür sorgen, dass keine Angstgefühle aufkommen.

**20 Sekunden sind keine Ewigkeit.**

Wir sind in Deutschland inzwischen so weit, dass im Schnitt die meisten TV- oder Radiospots bei 20 Sekunden liegen. Durch mehr Flexibilität der Sender ist es heute zwar durchaus möglich auch 22- oder 25-Sekunden-Spots zu platzieren, aber die Maxime heißt leider immer öfter: »Je kürzer der Spot, desto häufiger kann man ihn schalten«. Grundsätzlich gibt es keine verbindliche Maßeinheit für die Anzahl von Worten pro 20- oder 30-Sekunden-Spot, denn die konzeptionell festgelegte Diktion eines Spots bestimmt wie viel Zeit man für ein Wort braucht. So kann man das Wort »Liebe« durchaus in 0,3 Sekunden stakkatohaft rausschleudern oder aber in 5 bis 10 Sekunden dahinschmelzen lassen. Hinzu kommt, dass Geräusche und Musik ebenfalls jeweils unterschiedlich viel Zeit zum Wirken brauchen. Ebenfalls hinzu kommen die dramaturgisch wichtigen Pausen zwischen zwei Worten oder Sätzen, die ebenfalls nur wirken, wenn man ihnen ihre Zeit gibt.

## 12.3 Wie man zu guten Spots kommt

Klar: Die *Copy-Strategie* (siehe Kapitel 3.1) muss stimmen. Erst ein klarer, eindeutiger Benefit macht gute 20-Sekunden-Spots möglich. Natürlich: Eine tragfähige, starke Idee und ein uniques Konzept sind immer die beste Grundlage.

### Schritt 1: Ein gutes Treatment gibt die Richtung vor

*Das Treatment beschreibt knapp und bildhaft Inhalte und Ablauf des Spots*

Starten Sie mit dem Schreiben eines *Treatments*. Dieses Treatment sollte nicht länger als eine halbe bis eine DIN-A4-Seite sein und die Handlung/den Ablauf bildhaft machen.

Das Treatment beschreibt sehr bildhaft die *Location* (Ort der Handlung), die handelnden Personen und den Ablauf sowie die Rolle, die das Produkt spielt. Mit dem ausgefeilten Treatment hat man eine hervorragende Arbeitsgrundlage für sich selbst und natürlich für die Diskussion mit allen Beteiligten. Es zeigt sich immer wieder, dass ein gutes, begeisterndes Treatment viel Zeit in den nachfolgenden Arbeitsschritten spart.

*Ein gut geschriebenes Treatment erzeugt bereits bei der Präsentation Bilder im Kopf der Zuhörer – gleichgültig, ob es für den Radio- oder den TV Spot geschrieben ist.*

*Beispiel für ein Treatment*

Beispiel: Treatment für einen 20-Sekunden-TV-Spot für Biovital:

> »Man hört gute alte Rock'n'Roll-Musik. Die Kamera erfasst ein Jungenzimmer. Man erkennt sofort die typische Unordnung und kann an verschiedenen Utensilien wie Postern an der Wand, Vereinswimpeln, T-Shirt über dem Stuhl etc. erkennen, dass dies das Zimmer eines ganz normalen 12- bis 14-Jährigen ist.

*Schlussbild des Biovital TV-Spot. Die letzte Szene ist eingefroren, der Packshot (Packungen) und der Claim werden als Super hinzugefügt.*

> In das Bild der Kamera hinein kommen die beiden Hauptdarsteller getanzt. Der eine Darsteller ist ein ca. 12-jähriger Junge, die andere Darstellerin ist die ca. 60- bis 65-jährige Oma des Jungen. Offensichtlich ist die Oma dabei, ihrem Neffen den Rock'n'Roll beizubringen, denn während sie sehr ausgelassen zu Werke geht, wird der Junge mehr oder weniger mitgerissen.
>
> Nach ca. 15 Sekunden wird die Tanzszene in einer besonders dynamischen Tanzfigur eingefroren und die Biovital Packungen werden rechts in das Bild gesetzt. Hinzu kommt mit leichter Verzögerung ein *Super* (ins Bild kommende Schrift) mit dem Claim ›Biovital. Denn Sie stehen mitten im Leben‹. Schluss mit Schnitt auf OTC-Warnhinweis.«

Dieses Treatment für einen inzwischen seit zwei Jahren mit Erfolg laufenden TV-Spot zeigt die einfache Struktur, die ein Treatment haben sollte. Jede weitere Ausschmückung würde den Blick für die Handlungsidee und den Ablauf des Spots verstellen. Aus dem Treatment wird deutlich, an welcher Stelle das Produkt ins Bild kommt, und jedem wird klar, dass die Handlung und damit dieser Spot auch in 20 Sekunden machbar ist. Nicht mehr und nicht weniger muss ein Treatment leisten.

**Schritt 2: Die Detail-Ausarbeitung**

*Damit die Zeit nicht wegläuft, muss die Handlung detailliert geplant werden*

Im nächsten Schritt erarbeitet man sich eine Grundstruktur, die hilft, die Zeit und die Handlung im Detail in den Griff zu bekommen. Der häufigste Fehler ist das Unterschätzen von Zeitbedarf. Zum Beispiel müssen die handelnden Personen etabliert werden, der Ort der Handlung muss klar werden, und der *Packshot* (Aufnahme oder Nennung des Produktes) muss für ein Minimum an Zeit präsent sein, um richtig wahrgenommen werden zu können. Konkret kann dies z. B. bedeuten, dass man für den Packshot durch das Nennen des Markennamens und des Claims schon 5 bis 10 Sekunden braucht – es bleiben somit für die ganze Handlung in einem 20-Sekunden-Spot nur noch 10 bis 15 Sekunden.

Speziell beim TV-Spot:

Starten Sie mit der Beschreibung der Bilder bzw. des Bildablaufs. Wenn man zeichnen kann oder ein Grafiker mitar-

*Skizzieren Sie beim TV-Spot erst die Bilder und ergänzen dann sukzessive die noch fehlende als Ton, Wort oder Text umzusetzende Information*

beitet, sollte man mit *SCRIBBLES* (rohe Zeichnungen) arbeiten. Erst wenn die Bilder skizziert sind und damit die Abfolge der Handlung einigermaßen fixiert ist, macht es Sinn den Text zu schreiben. Beim Betrachten die skizzierten Handlung kann man schon erkennen, welche Informationen bereits durch die Bilder und die Bildabfolge transportiert werden und welche Informationen der Text auf jeden Fall noch enthalten bzw. noch addieren muss.

*Als eine Art Mini-Drehbuch fügt das Storyboard die skizzierten Bilder in einem inhaltlichen und zeitlichen Rahmen zusammen*

Mit den skizzierten Bildern als Basis kann man nun ein detailliertes *STORYBOARD* (Mini-Drehbuch) erarbeiten. Indem man auf der linken Seite der Bilder eine Beschreibung der Bildinhalte und erste Anweisungen für die Kameraführung addiert und auf die rechte Seite der Bilder den jeweils dem Bild (der Szene) zuzuordnenden Text bzw. Geräusche hinzufügt, entsteht ein komplettes, professionelles Storyboard. Am Ende bedarf es nur noch einiger Zeitangaben (zu jeder Szene/Bild kommt eine Angabe, wie viele Sekunden sie dauern soll) um für Diskussion mit dem Produktmanager und für die Produktionsgesellschaft ein produzierbares Storyboard zu haben.

### SPEZIELL BEI RADIOSPOTS:

*Basis für den Radiospot ist natürlich der Text, dem addierend und verstärkend Musik und Geräusch zugeordnet werden*

Schreiben Sie hier als erstes den Text. Und addieren Sie dann Geräusche an den richtigen Stellen und werden Sie sich über den Einsatz von Musik klar. Denken Sie aber daran, dass auch Geräusche und Musik Zeit brauchen um richtig zu wirken. Überlegen Sie sich, welche Aufgaben das jeweilige Element übernimmt bzw. übernehmen kann. Sie können mit Geräuschen den Handlungsort deutlich machen (z. B. mit dem Geräusch eines Echolots das U-Boot), mit Musik erzeugen Sie ganz leicht eine Grundstimmung und mit Text und Stimmfärbung kann z. B. regionale Herkunft deutlich werden. Auch für den Radiospot sollte am Schluss eine Art Storyboard auf dem Tisch liegen, aus dem klar ersichtlich ist, was wann und wie geschieht.

### TEXT FÜR 20 SEKUNDEN – WO IST DAS PROBLEM?

In Radio und TV ist das gesprochene, nicht das geschriebene Wort gefragt. Und es sind Texte gefragt, die man *sofort* und *sofort richtig* versteht. In der Entwicklungsphase empfiehlt es sich, die Texte immer mal wieder von einem Kollegen laut lesen zu lassen. Man merkt dann meistens sofort, wo es hakt oder wo Sie wieder in das gestelzte Schriftdeutsch verfallen sind. Speziell im Radio müssen durch Worte Bilder erzeugt werden – Kino fürs Ohr. Die Rose ist eine Blume, aber erst die duftende rote Rose erzeugt ein Bild (auch wenn die duftende rote Rose mehr Zeit kostet).

*Lassen Sie sich Ihre Texte von jemandem laut vorlesen*

Legen Sie sich die Stoppuhr neben Ihr Schreibgerät. Die harmlose Jahreszahl »1995« ist scheinbar sehr kurz – in geschriebenem Zustand. Gesprochen ist es »Neun-zehn-hundert-fünf-und-neun-zig« und schon ziemlich lang und zeitfressend.

*Legen Sie sich eine Stoppuhr neben Ihr Schreibgerät*

Dialoge leben in ihrer Wirkung von richtigen Pausen und notwendigen Reaktionszeiten. Auch dies gilt es einzubeziehen und durch die richtigen Formulierungen umzusetzen. Während im TV-Spot z.B. die Mimik des Darstellers seine Stimmung ausdrücken kann oder die Reaktion auf eine Aussage verdeutlicht, muss dies im Radiospot durch Geräusch (etwa ein ablehnendes »Brummen«) oder durch zeitraubende Worte gelöst werden.

Wenn Ihr Text, von Ihnen laut gesprochen, auch bei größtem Bemühen 22 Sekunden dauert, dann ist er für einen 20-Sek.-Spot zu lang. (Beruhigen Sie Ihr Gewissen bitte nicht damit, dass ein professioneller Sprecher das dann doch noch schafft.) Beschummeln Sie sich nicht selbst (wozu fast jeder Texter neigt, weil der Text halt so schön läuft) und vermeiden Sie tunlichst den Schnelllese-Wettbewerb bei Präsentationen. Manchmal hilft nur die radikale Kürzung oder die Entscheidung, zugunsten des besseren Spots etwas weniger Einschaltungen in Kauf zu nehmen. Andererseits erlebt man relativ häufig, dass manchem TV- oder Radio-Spot eine Kürzung richtig gut tut. Jedem Texter sei empfohlen, bei Spots mit Längeproblemen einmal die aus seiner Sicht kürzeste Version zu probieren – Überraschungen sind hiebei fast garantiert.

*Legen Sie Ihren Spot besser zu kurz als zu lang an*

Geben Sie dem Produkt eine Chance wahrgenommen zu werden, auch wenn es die schöne Handlung etwas stört. In Radiospots empfiehlt sich die 2- bis 3-malige Nennung des Produktnamens. (Denn: Man kann nicht zurückblättern.)

Telefonnummern sollte man mindestens zweimal nennen oder zeigen. Kein Mensch wird sich bei überraschendem Auftauchen der Telefonnummer diese vollständig merken können bzw. die Chance zum Aufschreiben haben.

## 12.4 Von Jingles und anderem Gesungenen

H.W. Mc Mahan hat es in seinen Ausführungen in »Musik in der Fernsehwerbung« auf den Punkt gebracht; er schreibt:

»... *Vertonte Worte leben länger. An ein Lied kann man sich erinnern, aber eine Rede ist schnell vergessen.*«

Musik spielte in der Werbung schon immer eine große Rolle. Mit Musik werden Emotionen frei, werden Stimmungen erzeugt und Markenbotschaften lebendig und mit Leichtigkeit memorabel. Aus der heutigen Werbung ist Musik nicht mehr wegzudenken, denn der Umgang mit Musik ist zu einem Faktor der Differenzierung geworden. Auch beim Thema Musik geht es jedoch immer um den sinnvollen Einsatz im Rahmen des Gesamtkonzeptes. Musik sollte nicht nur als Lückenbüßer für die fehlende Idee oder als letzte Rettung für einen misslungenen Spot eingesetzt werden. Und auch die mahnende Frage von David Ogilvy »Haben Sie schon mal einen Verkäufer an der Tür erlebt, der sein Angebot singt?« geht wohl keineswegs generell gegen Musik, sondern soll eigentlich nur deutlich machen, dass mancher Jingle besser nie zum Einsatz gekommen wäre.

### Ein guter Jingle begleitet eine Marke über Jahre

*Ein Jingle ist das musikalische Logo für eine Marke*

Ein *JINGLE* ist per Definition ein musikalisches Logo für eine Marke. Beim Thema Jingle fallen einem ganz schnell die Klassiker ein, wie z.B. »HARIBO MACHT KINDER FROH – UND ERWACHSNE EBENSO« oder »MEISTER PROPPER PUTZT SO SAUBER, DASS MAN SICH DRIN SPIEGELN KANN« oder der Jingle von McDonald's »MCDONALD'S IST EINFACH GUT«. Oder der Jingle von TOYS“R“US, der den Jingle-Award im 16. ARD-Radiospot-Wettbewerb gewonnen hat.

Die Stärke guter Jingles liegt in ihren Gassenhauer-Qualitäten: einfache und eingängige Sprache und eine einfache und eingängige Melodie. Gute Jingles gehen ins Ohr und lassen einen für eine ganze Weile nicht mehr los. Und schlechte

Jingles erkennt man daran, dass sie nur nerven. Die Entwicklung eines Jingles ist keine Arbeit für den Hobbymusiker, sondern erfordert richtige Profis. Die Komposition und der Text müssen absolut auf dem Punkt sein, damit am Ende ein musikalisches Logo da ist, das auch funktioniert.

### Im Trend: Spezielle Werbehits und Hits für die Werbung

Richtige speziell für Marken komponierte Werbehits, die man auch gerne hört, sind selten. Gute Beispiele sind die Songs der Softdrink-Marken Coca-Cola und Pepsi-Cola, der zum Hit avancierte Bacardi-Song »Bacardi Feeling« oder das nette, von Kindern gesungene »Nimm 2«-Lied. So versuchte Pepsi-Cola vor einigen Jahren ein weltweites Konzept mit bekannten Interpreten und dem Pepsi-Cola Song zu etablieren. Die Idee hierbei war, lokale Stars immer gemeinsam mit weltweit bekannten Stars wie z. B. Tina Turner den Pepsi Song singen zu lassen. Gekoppelt war die Kampagne mit großen Konzerttourneen. Übrigens gehörte auch Michael Jackson zu den Pepsi Stars.

*Die mit einem bestimmten Song oder einer Musikrichtung verbundene Grundstimmung soll auf das Produkt übertragen werden*

Häufiger sucht man heute nach einem Song oder einer ganzen Musikrichtung, die man für die Marke »pachten« kann. Wenn Levis mit »Route 66« von den Rolling Stones oder einem Rock'n'Roll-Oldie arbeitet, Nestlé-Schokoladen mit Klassik daherkommen und für Kaffee Onko der alte Hit »Just the two of us« oder für den Schokoriegel Lions der Oldie »Wild thing« wieder reaktiviert wird, dann sind emotionale Transfers beabsichtigt.

Das Paradebeispiel für die richtige Nutzung bekannter Hits ist sicherlich Levis. Hier passen das Produkt und die gewählten Musiktitel ideal zusammen – Rock'n'Roll ist die »Jeans«-Musik schlechthin. Bei Kaffee Onko wurde mit »Just the two of us« ein eigentlich bereits in Vergessenheit geratener Titel ausgewählt. Nach einigen Einschaltungen der Werbespots reagierten Konsumenten mit Briefen an Radiosender und an den Kaffeehersteller. Nach kurzer Zeit wurde der Song wieder im Radio gespielt und es wurde sogar eine Disko-Version aufgenommen.

Ob der Transfer in den vielen anderen Fällen gelingt und ob die gewählte Musik etwas für das Markenimage tut, ist in Maßen testbar. Natürlich bergen bekannte Hits auch das Risiko in sich, dass die Musik die Marke total überlagert und am Ende zwar etwas für den Verkauf einiger weiterer CDs getan wurde, aber die Marke wenig partizipiert hat.

Dass diese Transfers darüber hinaus sehr teuer werden können, zeigt das Beispiel MICROSOFT WINDOWS 95: Die Rechte für den in TV-Spots eingesetzten Rolling-Stones-Song »Start me up« mussten mit über 10 Mill. US Dollar bezahlt werden (für Bill Gates, den Chef von MICROSOFT, war der Rolling-Stones-Hit ein absolutes ›Muss‹, denn im Kommunikationskonzept für WINDOWS 95 spielte der START-Button eine zentrale Rolle).

Erwähnt werden müssen an dieser Stelle auch die Geschmacklosigkeiten, die entstehen, wenn sich ein gefühlloser Texter an bekannten Hits vergreift. Z.B. die Adaption des Hits »Die da« von den PHANTASTISCHEN VIER für die ECKES Marke HOHES C oder die immer wieder gern vorgenommene Vergewaltigung von Harry Belafontes Hit »Banana Boat« oder wenn die Melodie des River-Kwai-Marsches plötzlich zum UNDERBERG-Song verkommt. Zu bedenken ist hierbei immer, dass man oft mehr Musikliebhaber damit verärgert als sie wirklich positiv erreicht. Wenn man schon einen eigenen Song für eine Marke haben will, dann sollte man ihr auch eine eigene Komposition gönnen.

**Empfehlungen zum Umgang mit Musik in Werbespots:**

- ENTSCHEIDEN SIE SICH FÜR ODER GEGEN MUSIK.
  Der Maßstab ist das Konzept, das man umsetzen will.
- ARBEITEN SIE MIT MUSIKPROFIS ZUSAMMEN.
  Auch wenn Sie als Texter früher mal in einer Band gespielt haben und jetzt Ihre elektronische Anlage im Büro stehen haben, sollten Sie Experten einschalten. Selbst gebastelte Jingles sind zwar in der ersten Präsentation gut fürs Ego, aber selten das Optimale für die Marke.

*Der Text sollte auf die Komposition hin abgestimmt werden*

- WENN SIE EINEN JINGLE ODER EINE EIGENE GESUNGENE WERBEMUSIK PLANEN, MÜSSEN SIE DIE TEXTINHALTE GENAU DEFINIEREN.
  Denken Sie daran, dass ein Jingle einfach zu verstehen und zu singen sein sollte (...eben ein Gassenhauer). Der endgültige Text sollte zusammen mit der Komposition entstehen, also geben Sie dem Komponisten bitte nicht einen unverrückbaren Text.

- **Wenn Sie einen bekannten Song einsetzen wollen, sollten Sie so früh wie möglich die Kosten für Rechte klären.**
  Hierzu gehört dann auch, dass Sie klären, ob Sie den Song in originaler Form oder in einer neuen Aufnahme einsetzen wollen und ob Sie das dürfen. Präsentieren Sie tunlichst nie einen Song, bevor Sie Rechte und das Recht zur Nutzung geklärt haben. Häufig haben die Interpreten etwas gegen den Einsatz ihres Songs in der Werbung oder der Song wird bereits von einer anderen Marke exklusiv genutzt.

*Bevor Sie einen Song verwenden, klären Sie die Rechtslage*

- **Vergehen Sie sich nicht an bekannten Hits, indem Sie mit Umtexten beginnen.**
  Zur Abschreckung sei nur der Genuss des Songs »Komm auf den Underberg ...« zur Melodie des River-Kwai-Marsches empfohlen.

Mehr zu diesem Thema bietet übrigens die mit dem Förderpreis der Akademie für Marketing und Kommunikation, Frankfurt ausgezeichnete Examensarbeit von Boris Becker zum Thema »Musik in der Werbung.«.

## 12.5 Textgestaltung mit der Stimme

Die Stimme, die Stimmfärbung, das Sprechtempo, die Betonung und vor allem der Typ des Sprechers machen Texte lebendig.

*Eine oft in geschriebenem Zustand eher banal wirkende Zeile bekommt durch den richtigen Sprecher Durchschlagskraft.*

Stimmen verleihen Charakter und Persönlichkeit, Stimmen helfen ein Bild im Kopf zu erzeugen oder bei TV-Spots den Bildern eine Richtung zu geben. Eine der eindrucksvollsten Demonstrationen, wie man allein mit der Stimme gestalten kann, findet man auf einer CD von Klaus Kinski (Kinski spricht Villon, »Ich bin so wild nach deinem Erdbeermund«).

*Stimmen können ein Bild im Kopf erzeugen*

Den Eindruck, den Stimmen hinterlassen, kann man tagtäglich beim Telefonieren erleben. Besonders, wenn man mit

Personen telefoniert, die man persönlich nicht kennt, entsteht nur durch die Klangfärbung der Stimme, das Sprechtempo, Lachen oder hörbare Atmer schnell das Bild einer Person. Und wie oft stellt man dann etwas später beim persönlichen Kennenlernen fest, dass das Bild überhaupt nicht stimmt.

*Die Wahl des richtigen Sprechers ist ausschlaggebend für die Wirkung eines Radiospots*

Gerade bei Radiospots, in denen die Stimme in der Regel das tragende, personifizierende Gestaltungselement ist, lohnt es sich, sehr akribisch nach dem richtigen Sprecher zu suchen. Denn hier gilt es über die Stimme den Inhalten die richtige Tonalität zu geben. Auch wenn manche Sprecher dafür berühmt sind, dass sie unterschiedliche Tonalitäten produzieren können, sollte man zuerst nach dem genau passenden Sprecher suchen. Bei der Auswahl (dem *SPRECHER-CASTING*) lohnt es sich manchmal, den verschiedenen zur Wahl stehenden Sprechern abzuringen, dass sie den Originaltext Probe sprechen. Die von den Studios verschickten Sprecher-Bänder sind manchmal für die verlässliche Festlegung eines Sprechers einfach ungeeignet (wenn z.B. 10 Sprecher hintereinander immer den Angebotstext eines Möbelhauses sprechen, weiß man nach dem fünften Sprecher schon nicht mehr, wie der erste Sprecher war).

*Die Synchronstimmen bekanter Stars schaffen Identifikationsfläche*

Bekannte Stimmen schaffen Identifikationsfläche. Die aus Hollywood-Spielfilmen und -Serien bekannten Synchronstimmen der großen amerikanischen Stars liefern natürlich reizvolle konzeptionelle Ansätze. Wenn man das Ekel J.R. aus der Serie DALLAS oder eines der GOLDEN GIRLS im Radiospot lebendig werden lassen will, braucht man nur den entsprechenden Synchronsprecher zu buchen. Mit der Stimme bekommt man dann die gesamte Persönlichkeit des jeweiligen Serienhelden und einen entsprechenden Teil der Serienwelt mitgeliefert. Natürlich muss dies dann Teil des Konzeptes sein und sollte auch voll zur dramaturgischen Ausgestaltung des Spots genutzt werden.

Bei TV-Spots empfiehlt es sich generell die Stimmen der Darsteller zu nutzen und die Mühsal einer Synchronisation nach dem Spotdreh zu meiden.

Generell, ob für Radio- oder TV-Spots, sollte bei der Produktion die Möglichkeit von kleinen Textveränderungen möglich sein. Immer wieder erlebt man, dass Sprecher oder Darsteller über einzelne Worte stolpern oder speziell bei TV-Spots die Synchronität zwischen Handlung und gleichzeitigem Sprechen aufgrund unglücklicher Formulierungen zu zeitaufwändigen Schwierigkeiten führt.

Zur Textgestaltung mit der Stimme gehört auch, dass vor der Produktion festgelegt wird, wie bestimmte Fachtermini oder der Markenname ausgesprochen werden. Oft spielen auch regionalsprachliche Unterschiede eine Rolle – wie spricht man z.B. das Wort »Kaffee« aus? Betonung der ersten Silbe oder zieht man die zweite Silbe etwas länger oder wie? Häufig entsteht die Frage erst im Studio, weil der Sprecher ein Wort oder den Markennamen anders betont als gewohnt. Die dann folgende Diskussion kann sehr zeitaufwändig werden und ins Aussprachechaos führen.

## 13 DIE KÖNIGSDISZIPLIN: ENTWICKLUNG VON MARKENNAMEN

Die Firma ADIDAS hat als großes Kapital ihren Markenwert – immerhin zählt ADIDAS mit Marken wie COCA-COLA oder MARLBORO zu den weltweit bekanntesten Marken. Und als PROCTER & GAMBLE die Firma RICHARDSON-VICKS kaufte, war der Blick auf die weltweit vertretenen Marken OIL OF OLAZ oder WICK MEDINAIT und VIDAL SASSOON sicherlich mitentscheidend. BAYER LEVERKUSEN zahlte z.B. 1 Milliarde US-Dollar für den Markennamen BAYER in USA und Kanada.

*WÄHREND IN DER VERGANGENHEIT DER WERT EINES UNTERNEHMENS OFT MEHR NACH UMSATZ/GEWINN ODER SUBSTANZWERT BESTIMMT WURDE, SIND HEUTE DIE MARKEN DAS WIRKLICH INTERESSANTE KAPITAL VIELER FIRMEN.*

Auch wenn es heute nur noch sehr schwer und extrem teuer ist neue Marken zu etablieren, stellt die Entwicklung von Markennamen so etwas wie eine Königsdisziplin des Texters dar. Die Anforderungen an einen neuen Markennamen,

*Anforderungen, die ein guter Markenname erfüllen sollte*

neben Merkfähigkeit und guter Aussprechbarkeit, sind vielfältig; u. a.:

- Der Markenname sollte assoziativ in das Produktfeld passen. Einen gewollten Nonkonformismus muss man sich leisten können, und er muss durch die entsprechende Produktkonzeption gedeckt werden (Beispiel: Der Name Apple und auch das Symbol des angebissenen Apfels  waren deutlich nonkonform – im Zusammenspiel mit der uniquen Produktkonzeption funktioniert er).

*Der Markenname ist die stärkste Identifikationsquelle der Marke*

- Nomen est omen – der Name ist ein Zeichen. Der Markenname ist die stärkste Identitätsquelle der Marke. Schon von daher ist es wichtig, über Marktforschung alle mit dem ins Auge gefassten Namen verbundenen Assoziationen aufzuspüren. Es besteht sonst die Gefahr, dass eine versteckte Assoziation dem angestrebten Produktimage entgegenläuft. Die beste Kommunikation hilft nichts, wenn der Name nicht passt.
- Nomen est omen – die Europäisierung bzw. Internationalisierung der Märkte erfordert Namen, die in verschiedenen Sprachen funktionieren. In der Europäischen Union gibt es ungefähr 1.300 Worte, die in ihrer Bedeutung identisch sind. Damit wird auch deutlich, warum die artifiziellen Markennamen (z. B. der Name Exxon) an Bedeutung gewinnen.

*Markennamen sollten international geschützt werden*

- Die geforderte Schutzfähigkeit von Namen macht den Prozess der Namensfindung zusätzlich aufwändig. Angesichts des europäischen Marktes ist es notwendig, Markennamen international zu schützen – diesen Aufwand können sich heute eigentlich nur noch große Konzerne leisten.
- Ein Markenname wie Marlboro wurde in Jahrzehnten intensiver Kommunikation mit Bedeutung gefüllt. Heute denkt weltweit so ziemlich jeder bei Marlboro an Cowboys, Freiheit und Abenteuer und an Zigarette.
  Der Name Nike entwickelte sich durch Produkte und Kommunikation zu einem Wahrzeichen des »American way of life«, und McDonald's ist heute das Synonym für Fastfood und Hamburger (wer weiß schon, dass der Ursprung des Namens zwei Brüder mit dem Namen McDonald waren,

die einen kleinen Imbissstand hatten?). Der Markenname ist die Basis, entscheidend ist, wie man von dieser Basis aus kommuniziert und agiert. Die Kommunikation gibt Markennamen Inhalte und Profil und der Markenname gibt der Kommunikation Profil. Diese gegenseitige Beziehung gilt es, aktiv auszunutzen und vor allem zu pflegen. Eine Marke, bei der diese Beziehung zerstört wurde, war z.B. Vox Kaffee. Jahrelang war dies eine regional geachtete und anerkannte Marke mit einer Bekennerkampagne (»Heb zwei Finger in die Höh und sag Vox-Kaffee«), Nach der Übernahme durch einen Konzern wurde sie als Aktionsmarke genutzt und niemand mochte sich mehr zu ihr bekennen. Sie starb innerhalb kürzester Zeit.

*Markennamen und Kommunikation geben sich gegenseitig und wechselseitig Profil*

- Ein anderes Phänomen ist die Verselbstständigung eines Markennamens. Zum Beispiel ist die Bitte »Gib mir mal ein Tempo« heute oft keine Frage nach der Marke, sondern nach einem Papiertaschentuch. Und der Schritt von Coca-Cola zur zusätzlichen Bezeichnung Coke resultierte in der Hauptsache aus dem Problem der Verselbstständigung – Coca-Cola steht für viele als Name für die gesamte Kategorie der koffeinhaltigen Limonaden.

*Werden bekannte Markennamen lexikalisiert, stehen sie nicht mehr nur für eine Marke, sondern für die gesamte Produktgattung schlechthin*

Die Entstehung vieler bekannter Markennamen basiert häufig auf viel einfacheren Gründen als man denkt. Und auch heute noch entstehen Markennamen auf ganz simple Weise – so motiviert sich z.B. der bekannte Markenname Haribo aus dem Namen des Firmengründers Harald Riegel, Bonn.

Hier als Beispiel die Hintergründe zu einigen Markennamen (entnommen aus dem Buch »Von Ajax bis Xerox« von Andreas Lötscher):

| | |
|---|---|
| Nutella | engl. »Nut-« (Nuss) plus Diminutivsilbe »-ella«. |
| Penaten | Die Penaten waren in altrömischer Zeit Hausgottheiten, die Haus und Herd beschützten und deren Verehrung der Familie Glück bringen sollte. |
| Pfanni | »Pfann-« als Verkürzung von Pfanne; mit der Diminutivendung »i« wird die umgangssprachliche Wirkung erreicht. |
| Lego | Ableitung vom dänischen Wort »lege«, das »spielen« heißt. |

| | |
|---|---|
| COCA-COLA | COCA ist ein Hinweis auf Kokain, das im Urprodukt enthalten war, und COLA ist der Hinweis auf die Cola-Nuss. |
| NIKE | kommt aus dem Griechischen, »nike« heißt übersetzt »Sieg«. |

## 14 ZUSAMMENFASSUNG: DIE 10-PUNKTE-BEURTEILUNGS-CHECKLISTE

*Alle Beteiligten sollten auf der Basis eines gemeinsamen Beurteilungsrasters arbeiten*

Ob es um eine Anzeige, eine TV-Kampagne oder nur die Kommunikation zum Handel geht: Für die Macher (Texter, Grafiker, Berater) und die Beurteiler/Entscheider (Produktmanager, Marketingverantwortliche, Werbeleiter) muss es immer darum gehen, eine klare Kommunikationslinie zu verfolgen. Die Copy-Strategie ist dabei nicht nur die Briefing-Unterlage für die Kreativen, sondern auch die Beurteilungsbasis für die auf der Grundlage der Strategie entstandenen Kampagnen oder Werbemittel. Für alle Beteiligten ist es immer wieder hilfreich, auf der Basis eines gemeinsamen Beurteilungsrasters zu arbeiten. Wenn der Texter weiß, nach welchen Kriterien seine Arbeit beurteilt wird und welche Anforderungen zugrunde gelegt werden, kann er seine Arbeit darauf ausrichten.

Nachfolgend ist ein Vorschlag für eine 10-Punkte-Beurteilungs-Checkliste dargestellt. Diese Checkliste ist gleichzeitig eine komprimierte Zusammenfassung der im vorliegenden Buch gemachten Ausführungen.

Ob Sie diese Checkliste in Ihrer Arbeit benutzen oder ob Sie sich basierend auf dem Vorschlag Ihre eigene Checkliste erarbeiten und mit Ihren Diskussionspartnern abstimmen, ist eigentlich nebensächlich, solange Sie überhaupt zu einem systematisierten Beurteilungssystem kommen.

### Punkt 1: Hat die Werbe-Kampagne/das Werbemittel eine starke Idee (selling idea)?

*Entwickeln Sie Ihre Idee aus dem Produktnutzen heraus*

Die Idee sollte idealerweise aus dem *BENEFIT*, dem Produktnutzen (siehe auch Kap. 3.1.5 und 3.1.6) heraus entwickelt werden und das Wesentliche und Ausschlaggebende des

Benefits widerspiegeln und auf den Punkt bringen. Vorsicht vor Ideen, die nur Aufmerksamkeit erzeugen, aber nicht hängen bleiben oder sich gar verselbstständigen.

Die Idee sollte getrennt von allen ausführenden Elementen und der Umsetzung erkennbar sein und diskutiert werden – meistens zeigt sich dann die wirkliche Stärke oder Schwäche einer Idee. Große Ideen sind selten spektakulär. Dieser Umstand macht es so schwer, die großen Ideen zu erkennen.

*Diskutieren Sie die Idee unabhängig von allen eventuellen Rahmenbedingungen*

**Punkt 2: Dramatisiert die Kampagne das, was die Marke/das Produkt von seinen Wettbewerbern differenziert?**

Idealerweise sollte der Benefit das differenzierende Element sein, das ein Produkt von den Produkten der Mitbewerber unterscheidet und absetzt. Entsprechend muss der Benefit, das Produktversprechen auch dramatisiert werden (siehe auch Kap. 5.3.3).

*Setzen Sie Ihr Produkt durch Ihr ureigenes Produktversprechen von den Produkten Ihrer Mitbewerber ab*

Die entscheidenden Fragestellungen sind hier:

- Welches Problem hilft mein Produkt besser zu lösen als das Produkt der anderen Wettbewerber?
- Ist der Benefit so dramatisiert und in Szene gesetzt, dass die Marke sich dadurch im Wettbewerb abhebt?
- Offeriert die Kampagne/das Werbemittel der angesprochenen Zielgruppe einen *reason-for-buying* (einen Grund das Produkt zu kaufen)?

Es ist selbstverständlich und die Basis für ein Durchdringen der Botschaft, dass die Werbekampagne selbst sich von den Wettbewerbskampagnen differenziert. Folgerichtig bedarf es eines klaren Blickes dafür, was inhaltlich und von der Botschaft her für Differenzierung vom Wettbewerb sorgt.

**Punkt 3: Wie stark stellt sich die Marke dar (branding)?**

Die Marke sollte immer der *Hero* – der Held – sein (siehe auch Kap. 4.4). Ob sehr direkt oder indirekt. Gute Werbung sorgt für die Inszenierung der Marke und gibt der Marke die wertbeständige Aura. Marke und der Benefit der Marke müssen am Ende untrennbar im Kopf des Verbrauchers verankert sein.

Die Frage nach dem *BRANDING* hat zwei überprüfbare Dimensionen:

*Lassen Sie Ihre Marke immer und überall die Hauptrolle spielen*

- Erstens geht es dabei darum, ob die Marke die Hauptrolle spielt. Ausdrücklich bedeutet dies nicht, dass die Marke ständig und groß im Bild ist, sondern dass die Marke spürbar, fühlbar und erkennbar ist. Vielleicht hilft das Beispiel von MARLBORO – allein die Abbildung eines Stetsons mit etwas roter Farbe im Hintergrund transportiert die Marke.

*Passt Ihre Kampagne dergestalt zu Ihrer Marke, dass die Kommunikation wirklich »auf Ihre Marke einzahlt«*

- Zweitens geht es beim BRANDING darum, ob die Werbekampagne zur Marke passt und »auf die Marke einzahlt«. Hier muss man sich nur klarmachen, wie viel Euro in die Werbung investiert werden und ob die Kampagne in ihrer Wirkung für die Marke einen entsprechenden Gegenwert verspricht. Statt nur mit dem Bauch und aus der Erfahrung heraus sollte man diese Frage in manchen streitigen Fällen auch per Marktforschung untersuchen.

### Punkt 4: Wird die Kampagne den Basis-Anforderungen des jeweiligen Marktes gerecht?

*Finden Sie heraus, was in Ihrem Markt als wesentliches und unverzichtbares Signal gilt*

In jeder Branche gibt es bestimmte Basisanforderungen; z.B. geht man im Food-(Lebensmittel-)Bereich davon aus, dass der sichtbare Verzehr des Produktes ein wichtiger Beweis *(PROOF)* ist, im Bereich von Windeln kann man davon ausgehen, dass das zufriedene Lächeln oder Lachen des Babys einen wichtigen Beitrag zur Überzeugung leistet oder dass es im Fertigfuttermarkt immer besser ist, gesunde Hunde oder Katzen auch zu zeigen.

Analysieren Sie genau, was in Ihrem Markt als wesentliches, unverzichtbares Signal gilt, und gehen Sie nicht in die »wir-müssen-was-ganz-Neues-machen-Falle«, deren negative Folgen meist schon im ersten Studiotest deutlich werden.

### Punkt 5: Ist die Kampagne bezogen auf das Wettbewerbsumfeld unique (einzigartig)?

*Je intensiver der Wettbewerb ist, desto einzigartiger muss Ihre Kampagne sein*

Auf der Grundlage einer aktuellen *COPY-ANALYSE* (Analyse der Werbung) des Marktes sollten Sie relativ schnell erkennen, ob Ihre Kampagne *UNIQUE* in ihrem Markt ist. Insbesondere in wettbewerbsintensiven Märkten ist die *UNIQUE*-

*ness* eine unverzichtbare Anforderung. Bedenken Sie: Werbung muss erst einmal auffallen, um dann im intendierten Sinne wirken zu können.

Aber nicht nur *Uniqueness* zählt, die Kampagne muss auch *merkfähig* sein, d.h. sie sollte für die Marke entweder als Ganzes besetzbar sein oder zumindest besetzbare oder pachtbare Dimensionen besitzen; z.B. ein dominantes *Key-Visual* (Schlüsselbild) oder Key-Worte.

Die Besetzbarkeit einer Werbekampagne ist wichtiger als oft angenommen wird, denn hierbei geht es um die Kapitalisierung von getätigten Investitionen. Idealerweise sollte jede ausgegebene Werbemark in ein definiertes Markenbild einzahlen.

### Punkt 6: Entspricht die Kampagne der K.I.S.S.-Forderung (Keep it simple and singleminded)?

Je einfacher und je fokussierter die Kampagne ist, desto höher ist die Chance, dass die wesentliche Botschaft wahrgenommen wird. Natürlich ist es schön mit Wortspielen und langen Texten zu arbeiten, aber dies erhöht die Gefahr, dass Ihre Botschaft unverstanden bleibt.

*»In der Kürze liegt die Würze«: Je schneller und einfacher Sie Ihre Botschaft auf den Punkt bringen, desto besser*

Bedenken Sie immer den *Informations-Overload*, dem Sie und Ihre Zielgruppen ausgesetzt sind und denken Sie daran, dass Werbung mit eher gering gerichteter Aufmerksamkeit wahrgenommen wird.

### Punkt 7: Ist die Kampagne involvierend und ist sie sympathisch?

*Involvement* basiert auf der Relevanz des Produktangebots sowie des Benefits und wird mit ausgelöst von der starken Umsetzung einer guten Idee. Involvement steht für aktive Auseinandersetzung mit der Werbebotschaft und ist natürlich auch vom sympathischen Auftritt abhängig.

*Versuchen Sie zu erreichen, dass sich Ihre Zielgruppe aktiv mit Ihrer Botschaft auseinander setzt*

Obwohl es sehr selbstverständlich scheint, wird dem Faktor Sympathie oft zu wenig Aufmerksamkeit geschenkt. Jeder kann es an sich selbst beobachten: Die sympathische, freundliche Ansprache öffnet jeden für eine positive Reaktion.

## Punkt 8: Wie viel Potenzial hat eine Idee und die Kampagne?

*Bietet Ihre Kampagne so viel Potenzial, dass Sie Ihre Zielgruppe damit auch längerfristig ansprechen und erreichen können?*

Vielen Ideen und damit auch den Kampagnen fehlt das notwendige Potenzial für die langfristige Nutzung.

Das Potenzial definiert sich u.a. aus Faktoren wie

- Einzigartigkeit,
- Besetzbarkeit, aber auch
- Variationsmöglichkeit,
- Ausbau- und Weiterentwicklungsfähigkeit.

Zum Beispiel hat die Marlboro-Kampagne über die Jahre ihr Potenzial in all den o.g. Faktoren bewiesen. In diesem Zusammenhang wird auch häufig sehr schnell über den *Wear-out-Effekt* gesprochen; d.h., wann ist eine Kampagne oder ein einzelner Werbespot »ausgebrannt«. Tatsächlich hatten aber die meisten Kampagnen von vornherein nicht genügend Potenzial.

Gerade dieser Punkt der Beurteilung von Kampagnen bereitet natürlich Schwierigkeiten und wird meistens entweder zu wenig gewürdigt oder aber in der spontanen Begeisterung über eine auf dem Tisch liegende neue Kampagne schlichtweg vergessen. Eine Idee zu erkennen, das Potenzial einer Kampagne auf der Basis einiger Layouts zu sehen und zwischen strategisch wesentlichen und unwesentlichen Details zu unterscheiden, erfordert Erfahrung und vor allem intellektuelle Distanz. Zu oft gehen die Verantwortlichen in die »Umsetzungsfalle«; d.h., es wird zu schnell über rein gestalterische Details diskutiert und zu wenig oder gar nicht über die strategisch essenziellen und die kampagnenprägenden Punkte.

## Punkt 9: Werden die Gestaltungsmöglichkeiten des ausgewählten Mediums richtig und optimal genutzt?

*Reizen Sie Ihr Medium voll aus*

Häufig sieht man TV-Spots, die auf einer gute Idee basieren, bei denen aber die Möglichkeiten des Mediums TV nicht voll ausgereizt werden. Eigentlich ist dies die betrüblichste Situation. Denn wenn man schon eine starke Idee hat, die Strategie sauber ist und das Produkt stimmt, dann sollte die Umsetzung das Sahnehäubchen darstellen und die letzten Prozente herausholen.

Leider erlebt man auch zu oft, dass in der Umsetzung und in der Produktionsphase das große Sparen beginnt. Ob es dann das Feilschen um Sprecherhonorare ist oder der TV-Spot-Dreh aus Kostengründen statt am geplanten Drehort in Spanien in einem Studio vor Ort stattfindet – selten tut dies der Qualität und dem Endergebnis gut.

### Punkt 10: »Never change a winning horse« oder Hände weg von erfolgreichen Kampagnen.

Der neue Produkt-Manager oder der neue Kreativ-Direktor wollen natürlich sehr schnell zeigen, was man alles besser machen kann. Und oft sind diese neuen Impulse auch wertvoll für die Entwicklung eines Produktes. Meistens jedoch fallen den neuen Besen ausgerechnet alle erfolgreichen Dinge zum Opfer. Es empfiehlt sich nicht nur in großen Unternehmen, für klare Prozedere zu sorgen, die sicherstellen, dass vor jeder einschneidenden Änderung, z.B. von Werbekampagnen, Hürden genommen werden müssen. Eine starke Kampagne – a winning horse – sollte genauso beschützt und gehegt werden wie z.B. das Markenlogo.

Natürlich bedarf auch eine erfolgreiche Kampagne der evolutionären Weiterentwicklung. Ob es darum geht, das Layout der Anzeigen etwas im Sinne des Zeitgeistes zu modifizieren (betrachten Sie sich mal – wenn Sie die Möglichkeit haben – die Veränderungen im Layout der R6-Kampagne über die letzten 15 Jahre), oder durch modernere Headlines oder eine andere Fotoauffassung bei den Packungsaufnahmen die Differenzierung zum Wettbewerb zu erhalten, kaum eine Kampagne kann über einen längeren Zeitraum ohne Justierungen auskommen.

## 15 Apropos Texte: Was ist mit Briefen, Memos, Faxen und E-Mails?

Auch wenn man nicht Texter von Beruf ist, muss man immer wieder texten. Geschäftsbriefe, Memos, Aktennotizen, Kontaktberichte, Protokolle, Faxe oder Electronic Mail – man ist und wird auch noch viele Jahre gefordert sein sich schriftlich mitzuteilen.

Dieses Kapitel versucht einige Tipps und Hinweise zu geben, die Ihnen vielleicht in dem einen oder anderen Fall helfen klarer, schneller und besser schriftlich zu kommunizieren.

Über allem stehen fünf goldene Regeln:

*»Wer schreibt, der bleibt« gilt nicht uneingeschränkt*

- Der Spruch »Wer schreibt, der bleibt« ist definitiv falsch. Wer nur etwas schreibt, um sich abzusichern, macht sich schnell unbeliebt und muss zusätzlich erleben, dass es keine Absicherung gibt. Auch für Briefe, Memos oder Faxe gilt, dass der oder die Empfänger wenig Zeit haben.

*Geschriebenes ist nur schwer widerrufbar*

- So, wie man erst denken sollte, bevor man spricht, so sollte man auch erst denken, bevor man schreibt. Und weil man, was man schwarz auf weiß besitzt, auch getrost nach Hause tragen kann, sollte man vor dem Schreiben noch mehr denken, denn was erst einmal auf dem Schreibtisch eines anderen gelandet ist, ist nur schwer wieder zurückzunehmen.
- Mindestens 50 % aller Memos/Hausmitteilungen und Briefe sind bereits Makulatur, bevor sie geschrieben werden. Entweder weil man zu langsam ist oder weil die Geschehnisse und Aktivitäten sich zu schnell weiterentwickeln.
- Ein kurzes persönliches Gespäch oder Telefonat ist in der Regel viel effektiver als der schönste Brief oder die Hausmitteilung.

*Eine sinnvolle Dokumentaton erleichtert Arbeitsprozesse*

- Die sinnvolle schriftliche Dokumentation von Gesprächsergebnissen und Geschäftsvorgängen ist kein Zeichen von Senilität oder überentwickeltem Mitteilungsbedürfnis, sondern einfach verantwortungsbewusst. Durch fehlende schriftliche Dokumentation gehen viele Ideen und Ansätze einfach verloren.

## 15.1 Tipps für den Geschäftsbrief

*Geschäftsbriefe sind Visitenkarten der Firma*

Geschäftsbriefe sind Visitenkarten der Firma, in deren Namen sie geschrieben werden. Schon deshalb sollte Geschäftsbriefen eine erhöhte Aufmerksamkeit gelten.

Selbstverständlichkeiten: Der Brief sollte fehlerfrei sein. Der Name des Adressaten und dessen Adresse sollten fehlerfrei und vollständig sein (ein falsch geschriebener Name signalisiert Gleichgültigkeit und es gibt viele Menschen, die sich darüber ärgern). Der Brief sollte ein Datum enthalten und er sollte persönlich unterschrieben sein.

Ein guter Geschäftsbrief zeichnet sich durch die Beachtung folgender Punkte aus:

- Der Adressat sollte auf den ersten Blick erkennen, worum es sich in dem Brief handelt. Geben Sie Ihren Briefen »Headlines«, die ohne Schnörkel den Grund oder Gegenstand des Briefes deutlich machen. Wer erst zwei Seiten lesen muss um zu verstehen, um was es geht, der ist mindestens frustriert oder steigt schon vorher aus.
- Dem Leser sollte während des Einstiegs in den Brief bereits deutlich werden, was von ihm erwartet wird. Wenn Sie eine Entscheidung oder eine schnelle Stellungnahme möchten, dann machen Sie dies am Anfang des Briefes klar – z.B. »In der Mediaplanung sind einige Änderungen eingetreten. Im Folgenden sind die Details erläutert und wir bitten um eine Entscheidung für das weitere Vorgehen.« Dies erhöht die Aufmerksamkeit und gibt dem Brief eine bessere Chance auch gelesen zu werden. Und zusätzlich erhöht sich die Chance, dass Sie eine Entscheidung herbeiführen.
- Was man schreibt, sollte einfach zu lesen sein. Die übersichtliche und klare Strukturierung des Briefes hilft beim Erfassen des Inhalts und sorgt für schnelleres Verständnis. Geschäftsbriefe haben nichts mit schöngeistiger Prosa zu tun. Lange Schachtelsätze, gedrechselte Formulierungen und fehlende Absätze sind kontraproduktiv.
- Die Sprache ist kein Spielzeug. Bemühen Sie sich, richtig und gepflegt mit der Sprache umzugehen. Der in der Kommunikationsbranche übliche Hang zu unvollständigen Sätzen und willkürlicher Mischung aus deutscher und englischer

Sprache ist schlichtweg eine Unsitte und auch nicht mit den Usancen eines Marktes oder gar mit Dynamik oder »busnesslike« zu erklären. Bedenken Sie: Ihr Brief ist auch Ihre Visitenkarte und erlaubt Ihrem Geschäftspartner Rückschlüsse auf Ihre Persönlichkeit.

*Versuchen Sie einen persönlichen, warmen Stil zu finden*

- Der gute Geschäftsbrief ist weder ein Werbetext noch die Mitteilung des Finanzamtes. Versuchen Sie einen persönlichen, warmen Stil zu finden, ohne dabei schwülstig oder zu ausladend zu werden.
- Fakten sind immer besser als Vermutungen. Klare, unmissverständliche Aussagen und durchdachte Empfehlungen helfen nicht nur beim Lesen und Verstehen des Briefinhaltes, sie geben dem Brief auch Format.
- Was erst einmal schriftlich auf dem »anderen« Schreibtisch liegt, ist schwer zu ändern. Versichern Sie sich, dass Ihr Brief inhaltlich richtig ist.
- Der Volksmund sagt: »In der Kürze liegt die Würze.« Denken Sie daran, dass Ihre Adressaten in der Regel wenig Zeit haben.

## 15.2 Die Faxen mit den Faxen

Es wird immer einfacher, schnell mal ein Fax zu verschicken. Faxprogramme im Computer erlauben es, direkt aus dem Textprogramm heraus Faxe zu verschicken. Faxe übernehmen zunehmend die Funktion von Briefen.

*Einfachheit und Schnelligkeit der modernen Kommunikation führen zu fürchterlichem Wildwuchs*

Die mannigfaltigen Vorteile des Faxes oder auch von *Electronic Mail* (per Computer verschickte Nachrichten, Briefe, Notizen und Memos) führen z.T. zu fürchterlichem Wildwuchs und einer streckenweisen Aufgabe der so sorgfältig aufgebauten und oft teuer erkauften *Corporate Identity* (Firmenidentität) eines Unternehmens.

Bevor in Ihrem Unternehmen das gepflegte Unternehmensbild ein Opfer freier Gestaltung wird, hier einige vielleicht hilfreiche Hinweise:

- Für Faxe und Electronic Mail gelten die gleichen Regeln wie für den normalen Geschäftsbrief. Auch das Fax ist eine Visitenkarte Ihres Unternehmens.

- Auch für Faxe sind die festgelegten Gestaltungspunkte des Corporate Designs des Unternehmens gültig – also Schriftart, Schriftgröße, Verwendung von Logos oder auch Unterschriftsberechtigungen. Gerade der letzte Punkt wird bei Faxen häufig vergessen und kann in Extremfällen zu erheblichen Schäden führen.
- Wenn in Ihrem Unternehmen Faxe direkt aus den Computern der Mitarbeiter und Kollegen verschickt werden, sollte eine einheitliche Maske in allen Computern installiert sein. Scheuen Sie sich nicht ein Musterfax zu entwickeln und es jedem immer wieder auf den Schreibtisch zu legen.

*Ein Musterfax wahrt das Corporate Design eines Unternehmens*

- Gehen Sie mit dem Geld des Adressaten vernünftig um. Ganzseitige schwarzlastige Abbildungen kosten viel Toner und blockieren das Fax relativ lange.
- Verzichten Sie auf die unseligen Spielereien mit scheinbar lustigen *ClipArts* (Computerillustrationen/-karikaturen). Worüber die Freunde lachen, können Geschäftspartner nur selten lachen, und mit dem Corporate Design Ihres Unternehmens hat es auch selten etwas zu tun.

## 15.3 Tipps zum Schreiben eines Protokolls/ Kontaktberichts

Protokolle von Besprechungen (heute auch häufig neudeutsch »Meetings« genannt) und Kontaktberichte sind Steuerungsinstrumente für Arbeitsprozesse. In ihnen werden zum einen der Status von Projekten dokumentiert und zum anderen die nächsten Schritte festgelegt.

*Protokolle von Besprechungen und Kontaktberichte sind Steuerungsinstrumente für Arbeitsprozesse*

Kontaktberichte sind häufig auch Gegenstand des Vertrages zwischen Werbeagentur und Werbungtreibenden. In diesen Verträgen ist u.a. sehr häufig festgelegt, welche Rechtsverbindlichkeit die im Kontaktbericht fixierten Entscheidungen haben. So wird oft festgelegt, dass der Kontaktbericht drei Tage nach der Besprechung bei allen Beteiligten sein muss und dass alle Beteiligten dann drei oder fünf Tage Zeit haben, inhaltliche Änderungen zu reklamieren. Danach ist der Kontaktbericht für beide Seiten verbindlich. Diese Bedeutung wird allerdings häufig unterschätzt. Es kommt öfter vor, als man denkt, dass Kontaktberichte zur Klärung von Kommunikationsproblemen und Missverständnissen bzw. Problemen genutzt werden.

Einige Hinweise zu Protokollen und Kontaktberichten:

- Protokolle und Kontaktberichte sind, wie schon angemerkt, Steuerungsinstrumente von Arbeitsprozessen. In ihnen sollten Ergebnisse von Besprechungen so festgehalten werden, dass alle am Arbeitsprozess beteiligten Mitarbeiter sowie das Management zweifelsfrei den Status, die getroffenen Entscheidungen sowie die besprochenen nächsten Schritte erkennen können. Protokolle und Kontaktberichte müssen so geschrieben sein, dass auch die, die nicht an der Besprechung teilgenommen haben, verstehen, um was es ging und was die nächsten Aktivitäten sind.
- Wenn Sie die Last des Protokoll- oder Kontaktberichtschreibens getroffen hat, sollten Sie sich während des Meetings akribisch Notizen machen. Außerdem sollten Sie bei unklaren Punkten im Meeting nachhaken, sonst sitzen Sie danach ziemlich hilflos vor Ihrer Aufgabe.
- Protokolle und Kontaktberichte sind kein Feld für kurzweilige Prosa, sondern hier zählen Fakten und Tatsachen. Allerdings sollte man sich auch hier bemühen vernünftig mit der Sprache umzugehen.
- In Protokollen und Kontaktberichten sollten alle Fakten enthalten und richtig sein. Hierzu gehören klare Zeitvorgaben für die besprochenen nächsten Schritte (»Präsentation in der Woche xy«) und sehr klare Definitionen der nächsten Schritte. Vermeiden Sie alles Unklare, auch wenn es scheinbar im Moment hilft (z.B. die gerne genutzte Terminverschleierung »a.s.a.p.« – as soon as possible).

## 15.4 Achtung: Hausmitteilungen & Memos

*Hausmitteilungen sollten der Kommunikation und nicht der persönlichen Absicherung dienen*

Die hausinterne Kommunikation – ob per Memo, Hausmitteilung oder über das interne Computernetz – beschränkt sich allzu oft auf die persönliche Absicherung. Durch die geschickte Nutzung eines gezielt gewählten Verteilers (Kopien an alle, die in irgendeiner Weise mit dem Projekt zu tun haben oder davon wissen sollten) kann man sich eine reine Weste sichern oder sogar dafür sorgen, dass ein unliebsamer Kollege Probleme bekommt. Diese Unsitten sollten in jeder Firma vehement bekämpft werden – es kostet nur Zeit und Geld, bringt aber selten etwas wirklich voran.

Die Grundregeln für die interne schriftliche Kommunikation entsprechen im Wesentlichen denen des Geschäftsbriefes. Generell ist gerade bei der internen Kommunikation das persönliche Gespräch jedem Memo vorzuziehen.

## 15.5 E-Mail – wider den Verfall von ausformulierten Texten

Jede Unsitte hat in der Regel ihre durchaus erklärbaren Ursachen. Genau so verhält es sich auch mit Verfall des Schreibstils in E-Mails. Zu Beginn des E-Mail-Zeitalters gab es das Problem der schlechten Verbindungen, was jeden dazu zwang sich kurz zu fassen. Hinzu kam natürlich, dass E-Mails einmal eine Domäne der jungen Computer-Freaks war, die per se ihre eigene Sprache hatten (und haben).

Im Verlauf der Zeit hat sich die E-Mail jedoch als wesentliches geschäftliches Kommunikationsinstrument etabliert. Doch in 9 von 10 geschäftlichen E-Mails wird geflissentlich auf jegliche formale Ordnung und Form verzichtet.

Das beginnt bei der Anrede (natürlich hat sich das *»Sehr geehrter Herr ...«* etwas überlebt, aber die richtige Anrede mit Titel und vollständigem Namen sollte nach wie vor im Geschäftsleben dazu gehören), geht über aneinander gereihte Halbsätze bis hin zur flapsigen Grußformel á la *»Tschau ...«*.

*Auch eine E-Mail wird ausgedruckt und wirkt dann wie ein normaler Geschäftsbrief*

Es bedarf eigentlich keiner neuen Regeln. Man sollte sich beim Schreiben einer geschäftlichen E-Mail einfach vor Augen halten, dass sie ausgedruckt wird und dann wie ein normaler Brief daherkommt und bearbeitet wird. Somit gilt alles, was für einen Geschäftsbrief gilt, auch für jede E-Mail!

Speziell in Bezug auf den wild um sich greifenden E-Mail-Verkehr sollten Sie allerdings folgende Hinweise beherzigen:

- Sensible Daten und Informationen gehören nach wie vor nicht in E-Mails. Hierzu gehören auch Bankdaten oder Ihre Kreditkartennummer. Dafür ist die Sicherheit noch nicht überall voll gewährleistet.

- Bemühen Sie sich auch in E-Mails vernünftig mit der Sprache umzugehen.
- Denken Sie daran: Ohne exakte Absenderangaben in der E-Mail erhält der Empfänger nur Ihre E-Mail-Adresse.

## 16 Glossar

Jeder Berufsstand hat seine eigene Begriffswelt, die für Außenstehende und Berufseinsteiger am Anfang in höchstem Maße unlogisch, unschön und verwirrend ist. Dies gilt in verstärktem Umfang und ganz besonders für die gesamte Marketing- und Werbebranche.

Die Ursachen sind klar: Die Amerikaner als Erfinder des Marketings und Vorreiter in der modernen Werbung sowie in ihrer Funktion als wirtschaftliche Welteroberer zwingen die deutsche Sprache in die partielle Defensive.

Hier einige der wesentlichen Begriffe für den Bereich Textgestaltung:

*Advertising*: Durchdringungsrate; wieviel Prozent

*Advertising*: Wahrnehmung der Werbung

*Advertising pretest*: Test einer Anzeige, einer Kampagne vor ihrem Einsatz

*Advertising recall*: Werbeerinnerung; man unterscheidet zwischen gestütztem (aided) und ungestütztem (unaided) Recall.

*Animatic*: Gezeichneter, nur grob animierter TV-Spot für Testzwecke.

*Appetizing appeal*: Anforderung an Werbung für Lebens- und Genussmittel; gefordert ist eine im übertragenen Sinne »appetitanregende« Gestaltung.

*Approach*: Betrachtungsweise, Art und Weise

*Art buying*: Abteilung in Agenturen, die für den Einkauf von Grafik-Fremdleistungen, Accessoires und Bildern zuständig ist.

*Ballyhoo*: Aufgebauschte, reißerische Werbung (richtige Reklame)

*Bartering*: In Deutschland zwischen den Medien gebräuchliche Form des Gegengeschäfts – also Anzeigenraum gegen Einschaltungen im Radio. Z. B. auch: Markenhersteller produziert selbst eine TV-Serie und erhält im Gegengeschäft Werbezeit.

*Baseline*: Abschließende, typografisch hervorgehobene Aussage. Oft identisch mit dem *Claim*.

Flash
Headline
Liebe geht durch den Wagen.
NEU!
Jetzt Probefahren!
Lüttgen & Scholz • Leverkusen
MOVE
Sonderausstattung: Radzierblenden.
Visual
DAIHATSU
Marke
MOVE
Der MOVE-Innenraum:
Multifunktional und sehr bequem.
Sie brauchen ein Auto zum Liebhaben-können? Zum Ansehen und alles-ist-wieder-in-Ordnung-fühlen? Zum Kosenamen-geben und nie mehr weggeben? Kurzum: Sie brauchen unseren Mikrovan MOVE! Klein, frech, unvergeßlich. Einer zum Reinsetzen und wie-Zuhause-fühlen. Einer, der neben unglaublichem Charme auch unglaublich viel zu bieten hat: Unglaublich viel Platz, den Ihnen sein cleveres Sitz-Platz-Liege-Lade-Klappsystem zur freien Verfügung schenkt. Unglaublich nette serienmäßige Extras: Kein Schnickschnack, sondern liebevolle Details mit viel Herz und praktischem Verstand wie z. B. unsere „verschiebbaren" Rücksitze. Unglaublich wendige Wendigkeit, wenn's drauf ankommt. Unglaubliche und aller Welt guttuende Sparsamkeit. Und einen unglaublich lieben Preis. Ist das nicht unglaublich einladend?
Alles weitere sagt Ihnen Ihr DAIHATSU Händler. Oder die DAIHATSU DEUTSCHLAND GMBH, Tel.: 0 21 51/70 51 22.
Body-Copy
DAIHATSU 3 JAHRE GARANTIE BIS 100 000 KM + 24 Std. Service
MOVE GXL: ab 15.790 DM
Unverbindliche Preisempfehlung der DAIHATSU DEUTSCHLAND GMBH ab Auslieferungslager zzgl. Überführung
Finanzierung ab 0,9% effektiver Jahreszins. Null Anzahlung. Bis zu 72 Monate Laufzeit. Ein Angebot der AKB-Bank AG.
Noch ein paar unglaublich nette Vorteile von einem der ältesten Autohersteller Japans für seinen MOVE. 21 kW (42 PS), genügsame 6,0 l Normalbenzin bleifrei im Durchschnittsverbrauch (nach 93/116 EWG). Seitenaufprallschutz. Fahrer-Airbag. hintere Kopfstützen. Automatik auf Wunsch und unglaublich aufmerksam: Unsere fernentriegelbare Tankklappe.
Alles, außer gewöhnlich.
DAIHATSU
Produkt-Abbildung (Packshot)
Claim
Logo

*BENCHMARK*: Orientierungsgröße

*BLINDTEXT*: häufig bei der Gestaltung von Anzeigen oder Prospekten verwendet, wenn der Text noch nicht fertig oder noch nicht verabschiedet ist. Vor der breiten Durchsetzung der Computer wurden alle Entwürfe zunächst mit Blindtext gemacht und erst bei der Finalisierung/der Reinzeichnung wurde der richtige Text eingesetzt.

*BLOCKSATZ*: Der Text läuft rechts und links gleich lang. Alternativen sind *FLATTERSATZ* (der Text »flattert« entweder nach links oder nach rechts) und *ZENTRIERTER TEXT* (die Zeilen werden an einer Mittellinie ausgerichtet und »flattern« entsprechend nach rechts und nach links).

*BODY COPY*: Fließtext, der laufende Text

*BRAND*: Marke

*BULLETPOINT*: Mittels grafischer Elemente (Punkt, kleine Quadrate etc.) herausgehobene Textpunkte.

*CAD*: »Computer aided design«: (per spezieller Computer-Software erstellte Design-/Konstruktions-Entwicklungen)

*CAPTION*: Bildunterschrift; Erläuterungen unter Bildern/Illustrationen. Oft auch *FLAGLINE* genannt.

*CASTING*: Auswahl von Darstellern oder Sprechern vor der Produktion von TV- und Radio-Spots

*CLAIM*: Über längere Zeit und über alle Werbemittel feststehende Markenaussage, z.B. »NICHTS IST UNMÖGLICH. TOYOTA«

*COMMERCIAL*: TV-Spot/Werbeeinblendung

*CONVENIENCE GOODS*: Konsumgüter des täglichen Bedarfs, kurzlebige Konsumgüter

*COPY*: In internationalen Werbeagenturen/Unternehmen die Bezeichnung für die gesamte Werbemaßnahme (weshalb man häufig von *COPY-ENTWICKLUNG* spricht). Entsprechend entwickelt man auch eine *COPY-STRATEGIE*.

*COPY-ENTWICKLUNG*: Entwicklung der Kampagne, einer Anzeige oder eines Radio/TV-Spots. Dies hat sich so als Ableitung vom Schreiben einer Anzeige entwickelt (... *TO WRITE THE COPY*). Hiervon abgeleitete Fachbezeichnungen sind u.a. *COPYWRITER* (Texter), *COPY* (Text) *LONGCOPY* (Werbeformat), *BODYCOPY* (Fließtext in einer Anzeige) etc.

*COPY-PLATTFORM*: Grundkonzept/Werbekonzept (nicht zu verwechseln mit der *COPY-STRATEGIE*)

*COPYRIGHT*: Urheberrecht

*COVERAGE*: Reichweite in der Zielgruppe

*CPT*: »Cost-per-thousand« (Kosten per 1.000 Leser/Hörer/Seher); Berechnungseinheit in der Mediaplanung

*DRAFT*: Erster Entwurf

*DTP*: *»DESK TOP PUBLISHING«* (per Computer erstellte Druckunterlagen)

*EARLY ADOPTER*: Jemand, der ein neues Produkt als Erster akzeptiert/kauft. Wichtige Zielgruppe für neuartige/neue Produkte.

*Evaluation*: Bewertung/Begutachtung von Werbekampagnen/-Konzepten

*Flash*: Störer, aufmerksamkeitsstarkes Element

*Freelancer*: Freiberuflicher Mitarbeiter/Grafiker

*Frequency*: Werbehäufigkeit, Häufigkeit von Einschaltungen z.B. in TV bzw. Anzeigen-Belegungen

*Handling*: Ausführung, Abwicklung von Werbemaßnahmen

*Headline*: Überschrift, manchmal auch als *Head* oder *Heading* bezeichnet

*Image*: Vorstellungsbild einer Marke/eines Unternehmens

*Impact*: Stärke/Intensität des Werbeeindrucks

*Kapitälchen*: Grossbuchstaben in der Grösse von Kleinbuchstaben

*Key-Visual*: Über verschiedene Werbemittel und -maßnahmen hinweg genutztes Bildsignal, das dadurch mit der Marke verbunden werden soll (z.B. Milka Lila Kuh); Schlüsselbild

*Kursiv*: *Leicht schräg geneigte Schrift*

*Launch*: Einführung einer Marke (*relaunch* = Wieder-/Neueinführung)

*Layout*: Verbindlicher Entwurf, bereits mit Bildern und Text/Blindtext, Vorstufe zur Reinzeichnung/Druckvorlage = *Rein-Layout*

*Location*: Ort, an dem fotografiert oder gefilmt wird

*On-air*: Eine Kampagne ist *»on-air«* wenn sie in den Medien ausgestrahlt wird/sichtbar ist.

*On-strategy*: Im Rahmen der Strategie, mit der Strategie stimmig (Gegensatz = *off-strategy*)

*OTS*: *»Opportunity-to-see«*; im Mediabereich gebräuchliche Rechengröße, die aussagt, wie viele Menschen rechnerisch die Chance haben die Werbung zu sehen

*Outdoor-advertising*: Außenwerbung (Plakatwerbung)

*Outline*: Rohentwurf eines Textes oder Konzeptes

*Packshot*: Packungsabbildung/-aufnahme

*Payout/payback*: Der Punkt, an dem sich die Kommunikations-Investitionen bezahlt oder ausgezahlt haben. In der Regel eine rein theoretische Berechnung, da Werbeinvestitionen nur schwer gegen verkaufte Produkte oder Einnahmen verrechnet werden können (Werbung ist Teil des Marketing-Mixes und daher nur schwer in der Wirkung isolierbar)

*Penetration*: der Zielgruppe werden wie oft erreicht. Negativer Effekt durch zu häufige Wiederholung oder fehlende Abwechslung = *Penetranz.*

*Persuasion*: Überzeugung

*Plagiat*: Nachahmung

*Playback*: Abgespielte Musik (im Gegensatz zu Livemusik)

*POS*: *»Point-of-sale«* (Ort des Verkaufs) Auch: *POP* = *»Point-of-purchase«* (Ort des Kaufs)

*Primetime*: Hauptsendezeit im TV, Zeit mit der höchsten Zuschauerzahl

*PROOF*: Beweis; Beweisführung für ein Versprechen. (Man spricht auch vom ausgedruckten Text als *DRUCKERPROOF*)

*PUNCHLINE*: Auffordernde »knallige« Aussage

*RATING*: Einschaltquote

*RECOGNITION*: Erinnerung, Wiedererkennen, identifizieren

*REMINDER*: Erinnerungswerbung

*RESPONSE*: Reaktion auf Maßnahmen (*DIRECT RESPONSE MARKETING*, eigenständige Diziplin im Kommunikations-Mix)

*S.F.X.*: Steht für *SOUND EFFECTS* (Geräusche/Geräuscheffekte)

*S.L.O.*: »*SELF-LIQUIDATING-OFFER*«; Artikel, die zum Selbstkostenpreis abgegeben werden

*SALES FORCE*: Verkaufs-Außendienst

*SAMPLE*: Probe/Muster

*SANDWICH MAN*: Plakatträger (Mann/Frau, die mit umgehängten Plakaten durch die Stadt gehen)

*SCHLEICHWERBUNG*: Nicht als Werbung deklarierte Darstellung von Marken/Unternehmen

*SCRIBBLE*: Rohentwurf, meistens gezeichnet (gescribbelt)

*SET*: Bezeichnung für den Aufbau einer Szene beim TV-Spot-Dreh

*SETCARD*: Karteikartengroße Selbstdarstellung von Darstellern; wird in der Regel zur Vorauswahl beim *CASTING* genutzt

*SHOOTING*: Bezeichnung für Foto- oder Filmsession

*SPECIAL EFFECTS*: Tricksequenzen beim Film

*STORYBOARD*: Gezeichneter Ablauf eines TV-Spots mit Erläuterungen zu Ablauf und Text sowie Zeitangaben pro Szene

*STYLING*: Ausstattung bei Film-/Fotoaufnahmen (Beruf: *STYLIST*)

*SUBLINE*: Die »*UNTER-ÜBERSCHRIFT*«. In der Regel immer im Zusammenhang mit der *HEADLINE* in deutlich kleinerer Schrift abgesetzt. Auch: Zwischen-Überschriften (*SUBTITLE*) innerhalb des Fließtextes

*SUPER*: Bei TV-Spots: In das Bild kommendes zusätzliches Element, z.B. der *CLAIM*

*SYNDICATION*: Veröffentlichung von redaktionellem Material in verschiedenen Zeitungen, Radioprogrammen etc. Inzwischen ein Weg zur Reduktion von Redaktionskosten.

*TAG-ON*: Anhängsel an einem Radio- oder TV-Spot, z.B. zusätzliche Promotion-Aussage oder Telefonnummer

*TARGET AUDIENCE*: Zielgruppe

*TEASER ADVERTISING*: *ANKÜNDIGUNGS-WERBUNG*, häufig im Bereich von Print-Werbung auch durch zwei Anzeigen in einem Titel praktiziert (erste Anzeige macht neugierig, zweite Anzeige dahinter gibt die Auflösung)

*TELEPROMPTER*: Gerät zur optischen Anzeige von Texten, hilft Darstellern beim Dreh

*TRAFFIC*: Frequenz am Ort des Verkaufs. Auch: Abteilung in einer Werbeagentur, die für den Ablauf und die

Organisation verantwortlich ist (auch: *Innenkontakt*)

*Trailer*: Programmvorschau

*Treatment*: Kurze, bildhafte Darstellung eines Konzeptes bzw. eines TV- oder Radiospot-Ablaufs

*U.S.P.*: *»Unique Selling Proposition«* = einzigartiges (Werbe-)argument, entwickelt von Rosser Reeves

*Uniqueness*: Einzigartigkeit eines Produktes oder einer Dienstleistung

*Vampire effect*: Optischer/akustischer Effekt, der besonders in Erinnerung bleibt und auch dazu führen kann, dass man sich nicht mehr an die Marke erinnert.

*Versalien*: Großbuchstaben

*Visual*: Bild, auch: *Key visual* = Schlüsselbild, besonders einprägsames Bild

*Visual*: Dominierendes Bild oder Illustration in einer Anzeige

*Voice track*: Tonspur

*Yellow press*: Sensations-/Boulevard-Presse

# 17 Service

Die richtigen Informationen zum richtigen Zeitpunkt zu haben, hilft oft ungemein. Hierfür sind nachfolgend einige bewährte und hilfreiche Quellen aufgeführt.

## 17.1 Publikationen

- Absatzwirtschaft
  Verlagsgruppe Handelsblatt
  Postfach 10 11 02, 40002 Düsseldorf
  bzw. Kasernenstraße 67,
  40213 Düsseldorf
  Telefon: 02 11 - 8 87 - 0
  *www.absatzwirtschaft.de*
- Horizont
  Deutscher Fachverlag GmbH
  60264 Frankfurt
  bzw. Mainzer Landstraße 251,
  60326 Frankfurt
  Telefon: 0 69 - 75 95 - 01
  *www.horizont.de*
- Lürzer's Archiv
  Lürzer GmbH
  Hamburger Allee 45, 60486 Frankfurt
  Telefon: 0 69 - 24 77 17 - 0
  *www.luerzersarchive.net*
- Marketing Journal
  Gesellschaft für angewandtes Marketing mbH
  Postfach 13 07 04, 20107 Hamburg
  bzw. Koopstraße 20, 20144 Hamburg
  Telefon: 0 40 - 4 10 31 48
  *www.marketingjournal.de*
- Media Perspektiven
  Am Steinernen Stock 1,
  60320 Frankfurt
  Telefon: 0 69 - 155 - 34 37
  *www.ard-werbung.de/mp/*
- Vierteljahreshefte für Media und Werbewirkung
  Gabriele Kaplitza, M.Sc.,
  IMAS International

Gruberstraße 2-6, A-4020 Linz
Telefon: 0043-732-772255-0
*www.imas-international.com*

- W&V
Europa-Fachpresse-Verlag GmbH
Postfach 500299, 80972 München
bzw. Emmy-Noether-Straße 2/e,
80992 München
Telefon: 089-54852-0
*www.wuv.de*

## 17.2 Organisationen

- AIW ARBEITSKREIS INDUSTRIE-WERBEAGENTUREN
Postfach 1409, 64313 Pfungstadt
bzw. Eschollbrücker Straße 28,
64319 Pfungstadt
Telefon: 06157-95000
*www.aiw-werbung.de*
- ADC ART DIRECTORS CLUB FÜR DEUTSCHLAND E.V.
Leibnizstraße 65, 10629 Berlin
Telefon: 030-5900310-0
*www.adc.de*
- BDZV BUNDESVERBAND DEUTSCHER ZEITUNGSVERLEGER E.V.
Markgrafenstraße 15, 10969 Berlin
Telefon: 030-726298-0
*www.bdzv.de*
- VERBAND DEUTSCHER ZEITSCHRIFTENVERLEGER E.V.
Haus d. Presse, Markgrafenstraße 15,
10969 Berlin
Telefon: 030-726298-0
*www.vdz.de*
- DEUTSCHE MARKETING-VEREINIGUNG E.V.
Haroldstraße 14, 40213 Düsseldorf
Telefon: 0211-86406-0
*www.marketingverband.de*
- DEUTSCHER KOMMUNIKATIONSVERBAND BDW E.V.
Königswinterer Straße 552,
53227 Bonn
Telefon: 0228-94913-0
*www.kommunikationsverband.de*
- DEUTSCHER WERBEFACHVERBAND E.V.
Schwachhauser Ring 40,
28209 Bremen
Telefon: 0421-3479044
- GWA GESAMTVERBAND WERBEAGENTUREN E.V.
Friedenstraße 11, 60311 Frankfurt
Telefon: 069-256008-0
*www.gwa.de*
- IVW INFORMATIONSGEMEINSCHAFT ZUR FESTSTELLUNG DER VERBREITUNG VON WERBETRÄGERN
Postfach 201414, 53144 Bonn
bzw. Villichgasse 17, 53177 Bonn
Telefon: 0228-82092-150
*www.ivw.de*
- ZAW ZENTRALVERBAND DER DEUTSCHEN WERBEWIRTSCHAFT E.V.
Postfach 201414, 53144 Bonn
bzw. Villichgasse 17, 53177 Bonn
Telefon: 0228-82092-0
*www.interverband.com/u-img/184/zawhome.html*

## 17.3 Markt- und Mediainformationen

### Publikationen

- DIALOGE
Gruner + Jahr AG & Co.
Stern – Anzeigenabteilung

Am Baumwall 11, 20444 Hamburg
Telefon: 0 40 - 37 03 - 29 29
Fax: 0 40 - 37 03 - 56 04
*www.gujmedia.de*

- JUGEND MARKTREPORT
  Heinrich Bauer Verlag, München
  Anzeigen + Marketing KG
  Charles-de-Gaulle-Straße 8
  81737 München
  Telefon: 0 89 - 67 86-0
  Fax: 0 89-6 70 20 95
  *www.hbv.de*
- LESERANALYSE ENTSCHEIDUNGSTRÄGER (LAE)
  GWA Service Gesellschaft Werbeagenturen mbH Frankfurt
  Auswertung aus: Absatzpotenzial Mittelstand
  Gruner + Jahr & Co
  G+J WirtschaftsPresse
  Eupener Straße 70,
  50933 Köln
  Telefon: 02 21 - 49 08-00
  Fax: 02 21 - 49 08-285
  *www.guj.de*
- SCHÜLER-MEDIENANALYSE
  Institut für Jugendforschung, Markt und Meinungsforschung GmbH
  Arabellastraße 31
  81925 München
  Telefon: 0 89-92 30-82 55
  Fax: 0 89 - 92 23-5 20
  *www.institut-fuer-jugendforschung.de*
- TYPOLOGIE DER WÜNSCHE
  Burda GmbH
  Postfach 1230
  77601 Offenburg
  Telefon: 07 81-84 21 02
  Fax: 07 81-84 22 41
  *www.hubert-burda-media.com*
- VERBRAUCHERANALYSE
  Heinrich Bauer Verlag,
  Anzeigen + Marketing KG
  Burchardstraße 11
  20077 Hamburg
  Telefon: 0 40-30 19-0
  Fax: 0 40-33 70 11
  *www.hbv.de* oder
- AXEL SPRINGER VERLAG AG
  Postfach 3350
  Axel-Springer-Platz 1, 20350 Hamburg
  Telefon: 0 40-3 47-00
  Fax: 0 40-64 67 18
  *www.asv.de*

**Adressen**

- A.C. NIELSEN WERBEFORSCHUNG S + P GMBH
  Sachsenstraße 16, 20097 Hamburg
  Telefon: 0 40-23 73 05-0
  *www.acnielsen.de*
- GFK GESELLSCHAFT FÜR KONSUM-, MARKT UND ABSATZFORSCHUNG E.V.
  Postfach 2854, 90013 Nürnberg
  bzw. Nordwestring 101, 90319 Nürnberg
  Telefon: 09 11-3 95-0
  *www.gfk.de*
- A.C. NIELSEN GMBH
  Postfach 940148, 60459 Frankfurt
  bzw. Ludwig-Landmann-Straße 405, 60486 Frankfurt
  Telefon: 0 69-79 38-0
  *www.acnielsen.de*
- AG.MA ARBEITSGEMEINSCHAFT MEDIA-ANALYSE E.V.
  Media-Micro-Census GmbH
  Am Weingarten 25, 60487 Frankfurt
  Telefon: 0 69-15 68 05-0
  *www.ag-ma.de*

- RMS Radio Marketing Service
  Frankenstraße 7, 20097 Hamburg
  Telefon: 040-238-90-0
  *www.rms.de*
- Heinrich Bauer Verlag
  Anzeigen + Marketing KG
  Burchardstraße 11, 20077 Hamburg
  Telefon: 040-3019-0
  *www.hbv.de*
- Burda GmbH
  Postfach 1229, 77649 Offenburg
  Telefon: 0781-8401
  *www.hubert-burda-media.com*
- Fraunhofer-Institut für Arbeitswirtschaft und Organisation IAO
  Nobelstraße 12, 70569 Stuttgart
  Telefon: 0711-970-01
  *www.iao.fhg.de*
- Gruner + Jahr AG & CO.
  Druck- und Verlagshaus
  20444 Hamburg
  bzw. Am Baumwall 11,
  20459 Hamburg
  Telefon: 040-3703-2980
  *www.guj.de*
- Infratest Burke AG
  Landsberger Straße 338,
  80687 München
  Telefon: 089-5600-0
  *www.infratest.de*
- IP Multimedia
  IP Deutschland GmbH
  Vermarktung von Medienwerbung
  Aachener Straße 1042a, 50858 Köln
  Telefon: 0221-5886-0
  *www.ip-deutschland.de*
- GWP Media-Marketing
  Verlagsgruppe Handelsblatt
  Postfach 102663, 40017 Düsseldorf
  bzw. Kasernenstraße 67,
  40213 Düsseldorf
  Telefon: 0211-887-0
  *www.gwp.de*
- Jahr-Verlag GmbH & Co.
  Postfach, 22754 Hamburg
  bzw. Jessenstraße 1, 22767 Hamburg
  Telefon: 040-38906-271
  *www.jahr-verlag.de*
- Neue Mediengesellschaft Ulm mbH
  Postfach 701040, 81310 München
  bzw. Konrad-Celtis-Straße 77,
  81369 München
  Telefon: 089-74117-0
  *www.nmg.de*
- Media Daten Verlagsgesellschaft mbH
  Postfach 1546, 65173 Wiesbaden
  Abraham-Lincoln-Straße 46,
  65189 Wiesbaden
  Telefon: 0611-7878-0
  *www.media-daten.de*
- MGM MediaGruppe München
  Werbeforschung und – vermarktung
  GmbH & Co. Kg
  Postfach 1310, 85767 Unterföhring
  Bahnhofsstraße 28,
  85774 Unterföhring
  Telefon: 089-95004-0
  *www.mgmuc.de*
- M-I-D Marktinformationsdienst GmbH
  Postfach 103841, 40029 Düsseldorf
  bzw. Schirmerstraße 80,
  40211 Düsseldorf
  Telefon: 0211-353541
- Axel Springer Verlag AG
  Axel-Springer-Platz 1, 20350 Hamburg

Telefon: 040-347-00
*www.asv.de*

- Spiegel-Verlag
  Rudolf Augstein GmbH & Co Kg
  Brandstwiete 19, 20457 Hamburg
  Telefon: 040-3007-3036
  *www.spiegelgruppe.de*
- Regionalpresse
  Postfach 190349, 60090 Frankfurt
  bzw. Schmidtstraße 53,
  60326 Frankfurt
  Telefon: 069-973822-0
  *www.zmg.de*
- ARD-Werbung Sales & Services GmbH
  Falkensteiner Straße 77,
  60322 Frankfurt
  Telefon: 069-15424-0
  *www.ard-werbung.de*
- ZDF Werbefernsehen
  Postfach 4040, 55100 Mainz
  bzw. ZDF-Straße 1, 55127 Mainz
  Telefon: 06131-704022
  *www.zdf-werbung.de*
- Statistisches Bundesamt
  Gustav-Stresemann-Ring 11,
  65189 Wiesbaden
  Telefon: 0611-75-2405
  *www.destatis.de*

## 17.4 Sprache

- Duden Verlag Sprachberatung
  Dudenstraße 6, 68167 Mannheim
  Telefon: 0621-3901-385
  *www.forum-deutsch.de*
- Gesellschaft für deutsche Sprache
  Spiegelgasse 13, 65183 Wiesbaden
  Telefon: 0611-99955-0
  *www.gfds.de*

## 17.5 Weiterführende Literatur

Werbung und Kommunikation haben inzwischen den Weg in die Bücherregale geschafft. Auch wenn es nach wie vor relativ wenige Bücher gibt, die sich hauptsächlich mit Textgestaltung oder ganz speziell mit Werbung beschäftigen, es gibt einige, die das Lesen lohnen.

Hier eine Auswahl von Büchern, die sich insgesamt und speziell mit dem Themenkomplex Werbung/Text/Kommunikation beschäftigen:


- Caples, John: How to make your advertising make money (in Englisch)
- Caples, John: Tested Advertising Methods (in Englisch)
- Clark, Eric: The wantmakers (in Englisch)
- Crompton, Alastair: The craft of copy writing (in Englisch)
- Cummings, Burt: Advertising Benevolent Dictators (Interviews) (in Englisch)
- Dixit, A.K./Nalebuff J.: Thinking strategically (in Englisch)
- Domizlaff, Hans: Die Gewinnung des öffentlichen Vertrauens
- Essinger, James: How to write marketing copy that gets results (in Englisch)
- Franzen, Giep: Advertising Effectiveness (in Englisch)
- Gaede, Werner: Abweichen der Norm. Enzyklopädie kreativer Werbung
- Harrison, Tony: A handbook of advertising techniques (in Englisch)

- Heller, Robert: Unique success proposition (in Englisch)
- Hofe, Klaus G.: Werbewelten
- Högn, E./Pomplitz, H.-J. (Hrsg): Der erfolgreiche Werbetexter
- Horx, M./Wippermann, P.: Markenkult. Wie Marken zu Ikonen werden
- Ind, Nicholas: Great Advertising Campaigns. Goals & Accomplishments (in Englisch)
- Jones, John P.: Macht sich Werbung bezahlt?
- Jung, Holger/Matt J.-R.: Momentum. Die Kraft, die Werbung heute braucht.
- Kapferer, Jean-Noél: Die Marke. Kapital des Unternehmens
- Lois, George: What's the big idea? How to win with outrageous ideas (that sell) (in Englisch)
- Lötscher, Andreas: Von Ajax bis Xerox. Lexikon der Produktnamen
- Mayer, Hans: Werbepsychologie
- McNamara, Jay: Advertising agency management (in Englisch)
- Merkel, Martin/G&J (Hrsg): Die Geschichte der Anzeige. 40 Jahre Stern
- Ogilvy, David: Geständnisse eines Werbemannes
- Ogilvy, David: Über Werbung
- Ogilvy, David: Was mir wichtig ist
- Peppers, Don: The one to one future (in Englisch)
- Pricken, Mario: Kribbeln im Kopf
- Ranson, Robert: Advertising is a waste of money (in Englisch)
- Reins, Armin: Die Mörderfackel
- Ries, Al: Focus (in Englisch)
- Roman K./Maas J.: The New How to Advertise (in Englisch)
- Rothenberg, Randall: Where the suckers moon. The life and death of an Advertising campaign (in Englisch)
- Scheitlin, Victor: Kreativität
- Siler, Todd: Think like a genius (in Englisch)
- Stein, Günter: Berichte der vordersten Headline
- Trout, Jack/Rivkin, Steve: The new Positioning (in Englisch)
- Urban, Dieter: Kauf mich! Visuelle Rhetorik in der Werbung
- Urban, Dieter: Pointierte Werbesprache

## Stichwortverzeichnis